内村鑑三「代表的日本人」を読む

西郷隆盛・上杉鷹山・二宮尊徳・中江藤樹・日蓮

童門冬二

PHP文庫

○本表紙図柄＝ロゼッタ・ストーン（大英博物館蔵）
○本表紙デザイン＋紋章＝上田晃郷

内村鑑三「代表的日本人」を読む【目次】

第五章　内村鑑三さんの描いた中江藤樹

第六章　内村鑑三さんの描いた日蓮

●注――

＊本書には、内村鑑三の『Representative Men of Japan』を翻訳し、抜粋もしくは要約した箇所がある。これらは中井智恵氏が本書のために翻訳したものをベースに、著者がまとめたものである。なお、本書作成にあたっては、『代表的日本人』（内村鑑三著、鈴木範久訳、岩波文庫）をはじめ、内村鑑三の関連図書を参考にした。

＊本文中の年号、日付、年齢等は原則として『Representative Men of Japan』に基づいており、巻末の略年表あるいは各種資料とは一部相違があることをお断りしておく。

序章

一期一会の出会い

1 わたしの生き方を決定づけた〝原体験〟

十七歳で死への恐怖を克服する

人生における人間と人間の衝撃的な出会いを〝一期一会《いちごいちえ》〟という。しかし一期一会は人間に対してだけでなく、ほかの物に対してもある。たとえば本だ。わたしにとって内村鑑三《うちむらかんぞう》さんの書いた『代表的日本人』との出会いは、まさに「敗戦直後における一期一会の出会い」だった。

昭和二十年（一九四五）の敗戦時、わたしは青森県の三沢海軍航空隊にいた。すでに特攻隊（特別攻撃隊）の基地になっていた。茨城県の土浦海軍航空隊で、甲種予科練（海軍甲種飛行予科練習生の略称）としての訓練を終えたわたしは特攻に編入され、この年の九月早々に硫黄島《いおうじま》に出撃することになっていた。硫黄島を基地とするアメリカのB29の日本本土空襲がすさまじく、これをなんとかして食いとめようという作戦が立てられたからである。

このときは、「日本中にある飛行機を陸海を問わず全部集めて、硫黄島へ殴《なぐ》り込む」という壮絶《そうぜつ》な作戦が立てられていた。しかし三沢航空隊にいたときはこんなことは知らされずに、あとで教えられた。このときわたしは十七歳である。画家の山下清さんに「ヘイタイの位でいえば、ナ、ナニカナ?」と階級を聞かれれば、海軍飛行兵長だ。

当時、わたしが本という本を片っ端から濫読《らんどく》した中に、ドイツの作家による少年死刑囚を扱った小説があった。無実の罪で死刑の判決を受けた少年が死刑囚として刑務所に入れられる。かれはやがて無罪放免の望みを捨て潔《いさぎよ》く死のうと覚悟する。このときの、少年の死の恐怖との戦いがすさまじく描かれていた。

小説は、ある日突然この少年が無罪と判明して、刑務所から出され、混乱しながら社会復帰するところで終わる。後味《あとあじ》の悪い小説だった。読後、(こんなことはいくらでも例があるのかもしれない)と思った。

特攻隊は少年死刑囚ではない。しかし、死の恐怖と戦う意味においては同じだ。わたしも従容《しょうよう》として死ぬために、襲いくる死の恐怖と必死になって戦った。わたしの場合には、まるで宇宙のブラックホールへ吸い込まれるように、体がクルクルと回転しながら、真っ暗な闇に向かって吸い込まれていく。これがつまり死への恐怖だなと思った。

そこでこの克服に立ち向かった。やがてこのクルクルが収まった。そして訪れたのは心の平安だった。わたしは、「これで従容として突入できる」という境地にまでは達した。それまでに聞いた話では、特攻隊員の多くが、「天皇陛下万歳」とか、「お母さん」とかの最後のことばを残して突入していった。みんな恰好《かっこう》いい。しかしその恰好よさは、ほんとうに死への恐怖を克服したからなのか、それともまだ死というものと戦いながら突入していったのか、定かではない。

当時の三沢航空隊には、飛行機がほとんどなかった。また、アメリカ空軍の攻撃で滑走路はメチャメチャに裂かれ、さらに引き続き攻撃を受けていた。そして八月十五日、日本は敗れた。わたしたちは残務整理のために九月初旬まで三沢にいたが、やがてそれぞれ故郷へ戻ることになった。

いまでも忘れられない眼差し

わたしの故郷は東京だ。無蓋車《むがいしゃ》のような列車に乗って、東京駅に着いた。東京駅も焼かれ、プラットホームの台だけが残っていた。多くの被災者が溢《あふ》れていた。

これはテレビ(NHK・BS放送)でも「ぼくの八月十五日」という題で話したことだが、わたしの胸の冷蔵庫に、どうしても消えない〝原風景〟がある。わたしの戦後の生き方を決定的にした〝原体験〟だ。いまも凍結されたまま、じっと胸の中の一角を占めている。

東京駅に群がる被災者の中から、わたしをじっと見つめる視線を感じた。振り向くと汚れに汚れた若い母親が赤ん坊を背負って、わたしを睨《にら》みつけていた。脇に大きな荷物が置いてあった。焼け出されたのだろう。故郷へ向かう列車を待っていたのだろうか。

わたしはその若い母親の鋭い視線に射すくめられた。いままであまり経験したことのない視線だったからである。若い母親の視線は明らかにわたしを憎んでいる。

こういう視線にいままで遭《あ》ったことはない。変な話だが、予科練は日本の人気者だった。〝七つボタンは桜にイカリ〟というのが謳《うた》い文句で、かなり世の中からもてはやされた。試験も結構難しかった。

しかしわたしにすれば、「予科練は、海軍兵学校にいけなかった連中の吹き溜まりでもある」という気持ちがあった。わたし自身そうだった。海軍兵学校の受験資格が調《ととの》っていないことと、同時に、「まごまごしていると戦争が終わってしまう」という不安感もあった。そこで予科練へ飛び込んだのだ。旧制中学三年になったばかりのころだ。

しかし、その若い母親のわたしを睨む視線の底には、「子どもだって絶対に許さないよ」という色があった。わたしがこういう視線に遭ったことがないというのは、予科練というのは社会の人気者で、みんなが愛してくれたからだ。わたしたちよりあとの世代は憧《あこが》れの目で見てくれた。悪意に接したことがなかった。それが東京駅頭でいきなり憎悪《ぞうお》そのものの視線を叩《たた》きつけられたから、わたしはとまどった。

おそらく若い母親が言いたいのはこんなことだろう。

――戦争のおかげで、あたしは亭主を失った。小さな子どもを残され、家も財産もない。これからどうして生きていけばいいのさ？

――あんたたちは子どものくせに、自分から進んで戦争に参加したじゃないか。しかも負けてしまった。いま、復員といってたくさんの缶詰や衣類を貰《もら》って家に戻る。それであんたたちは平気なのかい？

――ほかの人だったら、子どもが戦争にいったのは世の中が悪かったからだ、と言うかもしれない。でもあたしはそうは思わない。あんたたちは自分から進んで志願して兵隊になったのだ。あたしがいまこんな目に遭っているのも、決してあんたたちに責任がないとは言わせないよ。

目はそう語っていた。わたしは東京駅頭で立ちすくんだ。その若い母親の視線の底にある憎悪の念にいたたまれなかったからである。わたしは若い母親から目をそらし、うなだれた。

思わず（すいません）と声に出さずに謝った。

この日の駅頭での若い母親との出会いは、いまも頭の片隅にこびりついている。これがある意味で、わたしに「原罪意識」を植えつけた。一方では、「犯してもいない罪をなぜ感じるのか」という自問が湧き上がってくる。

しかしそんな問いかけを自分にぶつけてみても、すぐにあの日の若い母親の鋭い眼差《まなざ》しが浮かんでくる。そうなると、そんなものはいっぺんに吹き飛んでしまう。あの母親が言うように、「たとえ子どもでも自分から進んで戦争に参加したじゃないか」という論理には答えようがない。わたしは混乱した。

2 『代表的日本人』との出会い

引き倒された二宮金次郎像

東京・目黒にあった自分の家に戻ると、家はなかった。空襲で焼かれていた。焼け残った家の人に尋ねて、母親の移転先を探した。父親はこの年の一月に亡くなった。土浦航空隊にいたわたしは、葬式にも間に合わなかった。葬儀の車も調達できず、叔父《おじ》の世話で父親の棺桶はリヤカーで焼き場に運ばれていったという。

母親は二間しかない小さな家を借りて細々と生きていた。まさか特攻に編入されたわたしが生きて戻ってくるとは思っていなかったらしい。迎えてくれたときの表情は複雑だった。

復員後のわたしは完全に虚脱した。海軍から多少の退職金を貰ってきたので半分を母親に渡し、半分はブラックマーケット（闇市）を歩きまわって使いつづけた。〝伝助《でんすけ》ばくち〟に明け暮れ、安酒を飲みつづけた。それはなんといっても東京駅頭で遭遇した、あの若い母親の眼差しから逃れることができなかったからである。

気持ちの整理がつかずに、わたしはある日、卒業した小学校を訪ねた。土浦航空隊に入るときに、わたしも大人の兵隊さんのように日の丸の旗を二枚、右から左へ、そして左から右へとぶっちがいに服に巻きつけていた。

日の丸の旗には多くの寄せ書きが書かれていた。「体当たりでいけ」「特攻精神を発揮せよ」などという勇ましい文字が連ねられている。当時のことなので、「生きて帰ってこい」などということばは書けない。

わたしたち自身も出撃するときは、「行きます」という片道の挨拶《あいさつ》を残す。「行ってまいります」というのは、「行ってもまた戻ってきます」ということを意味するので、武士としては女々《めめ》しい精神だと言われてきた。少年飛行兵も武士の端くれなのだ。だからわたしも硫黄島へ出撃するときは必ず、「行きます」という挨拶で出撃するつもりでいた。

わたしを教えてくれた先生は田舎《いなか》に戻ってしまったという。戦前に自分が子どもに行った教育をいろいろ考えて、これからは土を耕《たがや》して野菜をつくるのだと言い残していったそうだ。小学校は馴染《なじ》みのない先生ばかりだった。そして校庭では奉《ほう》安殿《あんでん》（教育勅語を納めてある倉庫）が壊され、同時に二宮金次郎《にのみやきんじろう》の銅像が引き倒されていた。

奉安殿はともかく、なぜ二宮金次郎の銅像を引き倒すのか。

――二宮金次郎は軍国少年の模範であった。

――たしかに勉学と勤労を旨としてはいたが、実際に日本全国の教場から多くの子どもを戦場に送り出した元凶である。

――よって、こんな銅像をいつまでもシンボルとして校庭に建てておくことはできない。

というのが引き倒しの理由であった。

わたしは呆気《あっけ》にとられた。そして思わず（そうかなあ？）と疑問を抱いた。

「つくられた歴史観」の存在を知る

このころのわたしは、闇市をほっつき歩くと同時に、神田の古本屋街を渡り歩いた。神田の町も空襲で焼け、残骸《ざんがい》の町に変わっていた。しかし活気があった。路上に筵《むしろ》を敷いて、言うところの学識経験者が、自分の蔵書を並べて売っていたからだ。本を売って米に換える時代だった。

ある学識経験者の筵の前で立ち止まったわたしは、そこで一冊の岩波文庫を見つけた。それが『代表的日本人』（内村鑑三著、鈴木俊郎訳）という薄い本だった。ページをくってみると、代表的日本人として選ばれたのは、西郷隆盛《さいごうたかもり》、上杉鷹山《うえすぎようざん》、二宮尊徳《そんとく》（金次郎）、中江藤樹《なかえとうじゅ》、日蓮上人《にちれんしょうにん》、の五人だった。

目次には、西郷隆盛は「新日本の建設者」、上杉鷹山は「封建領主」、二宮尊徳は「農民聖人」、中江藤樹は「村の落教師」、日蓮上人は「仏教僧侶」とあった。不思議な霊感が湧いた。これがわたしの、「『代表的日本人』との一期一会の出会い」だった。まだ飛行兵のまんまの軍装姿のわたしは、その学識経験者にお金を渡して文庫本を買った。

家に戻るにはこの辺を通っている「十番」の表示をつけた都電に乗る。須田町から渋谷に向かう電車だ。渋谷からは東横線に乗って家の近くの駅までいく。駅の名は江戸時代に建てられた古い寺と同名の祐天寺《ゆうてんじ》。そこから十分くらい歩く。

わたしはこの文庫をむさぼり読んだ。特に、二宮尊徳のところから読んだ。それは銅像が校庭から追放されたときに、「二宮金次郎は軍国少年の鑑《かがみ》で、多くの子どもをこの学校から戦場へ送った」と言われた、そのひと言が引っかかっていたからである。

しかし、もしもそのことばが正しいとすれば、それは二宮金次郎の責任ではない。そう教えた先生たちの責任だ。あるいはそう教えるように仕向けた政府の責任だ。もっと言えば軍部の責任だろう。

当時は午後八時になると電力会社が計画的な停電を行った。電力が不足していたからだ。しかし本を読まずにいられなかったわたしは、祐天寺駅にいった。そして、終電車が通って駅の電気が消えるまで読みつづけた。

そんなことをしているのは、わたし一人ではなかった。ほかに何人かの仲間がいた。わたしは『代表的日本人』だけでなく、ほかの本も読んだ。雪の日も風の日も駅舎の中で震えながら読みつづけた。この経験もわたしにとっては貴重なものになった。この経験そのものが、「わたしにとっての敗戦体験」だったからである。

この本との出会いによって、わたしは、「つくられた歴史観」が存在することを知った。国家が政策的に意識して、一つの歴史の見方を押しつけたのだ。二宮金次郎はその犠牲になった。二宮金次郎がきっかけになって、西郷隆盛、上杉鷹山、中江藤樹、日蓮などの伝記を何度も読んだ。これはあとで書くが、内村鑑三さんは独特の宗教観や歴史観をもってこの本を書かれた。その意図するところは——。

――日本人は決して好戦的な野蛮な民族ではない。

――むしろ古代中国の儒教を信奉するやさしさ、思いやりを持った人間が多い。

――その例を、政治家、地方大名、農民思想家、地方教育者、宗教者の各分野から一人ずつ代表を選んで、その伝記をまとめた。


そしてわたしがいまも感動しているのは、これらの歴史人物の評伝を書くうえにおいて、内村鑑三さんは必ずしも歴史家たちが重んずる「一級資料」を重視しなかったことだ。むしろ俗書に近いような種類の本も参考にしている。それだけにわかりやすい。

大思想家の書いた本だから、さぞかし難しいものだろうと思いがちだが、絶対にそうではない。『代表的日本人』は、はじめは外国（英語圏）向けに書かれたが、のちにはドイツ語にも訳されている。

いまなぜ『代表的日本人』なのか

あの木枯らし吹きすさぶ祐天寺の駅舎の中で、わたしは密《ひそ》かに決意した。

「いつか自分が小説を書くようになったら、この『代表的日本人』をテキストにしよう」

わたしは『代表的日本人』に書かれた五人の人物をさらにくわしく調べて、その伝記を小説化しようと志《こころざ》したのである。これがのちに、わたしのライフワークになった。現在ではすべての人物を書き終えている。

　また、この本がきっかけになって、「地方で地域活性化のために活躍し、その活躍がやがては日本全体に影響をおよぼした人物の発掘」という方向に、わたしの創作意欲が向いた。わたしは東京都庁という地方自治体に約三十年間身を置いた。その関係もあって、地方自治に関しては特段の関心と情熱を持っている。

　その意味で言えば、いまも書きつづけている、「地方から日本を変えようとした人物たちの発掘」は、まさに〝宝の山〟に入ったようなもので、まだまだその資源は限りがない。おそらく生涯かかっても掘りつくせないだろう。が、こういう一つの鉱脈を探り当てたことに、わたしは大きな喜びを感じている。

　ついでに書いておけば、この時代に一期一会の出会いをした本のもう一冊に、太《だ》宰治《ざいおさむ》の作品がある。太宰治と言えば、「麻薬に溺《おぼ》れたり、心中したり、とにかく反社会的な行動を続けた作家」というレッテルを貼る人が多い。

　しかしわたしは、作家を含め歴史上の人物を総体的に言えば、「すべての人物は円である」と思っている。だから、自分の視座を拠点として、「自分が必要とするある部分」だけに目を当て、光を当てればよい。

　わたしには、太宰治のそういう反社会的な行動はいっさい目に入らない。目に入っていまも頭の隅に置いているのは、太宰の「人を喜ばせるのがなによりも好きであった」というモチーフと、「私はなにも知りません。ただ伸びていく方向に陽が当たるんです」という前向きな向日性《こうじつせい》の姿勢である。かぼちゃのつるやひまわりの花と同じで、「自分が顔を向ける方向に陽が当たる」という思想だ。

能天気《のうてんき》だなあと言われればそれも甘受《かんじゅ》する。しかし人間はこの向日性がなければ生きてはいけない。たえず後ろを振り向いて、「なぜこうなったのだろう？」というような反省ばかりしていても、自分のためにも他人《ひと》のためにもならない。太宰の言うように、「伸びていく方向に陽が当たる」という気持ちも必要だ。そしてもっと能天気に考えれば、太宰は、「伸びていく方向に陽が当たるのであって、陽が当たる方向に伸びていくのではない」と言うだろう。

しかしそうは言うものの、『代表的日本人』がそのまま、いま生きているわたしたちの役に立つというわけではない。役に立つ部分もあれば、役に立たない部分もある。それはなんと言っても、「その本が書かれたときの社会状況」と「作者がなにをメッセージとして送ろうとしたか」ということが大きく影響するからである。

したがって今回、この『代表的日本人』に註や解釈を加えて、みなさんに読んでいただこうと思ったとはいえ、内村鑑三さんが書いた『代表的日本人』をわたしが〝丸のみ〟にし、それを読者の方々に〝丸投げ〟するつもりはまったくない。内村さんの書かれた意図や精神をわたしなりに再現したうえで、「いま現在、この精神はこう生かすべきではないか」という〝新しい見方〟を加えていこうと思う。

筋立ては、

㈠内村鑑三さんの書いた各人物の事績とその要点

㈡わたし自身が各人物の事績を調べ、『代表的日本人』から受けた感動の増幅剤として補足したい事柄の提示

㈢わたしたちはいま各人物の信条をどう生かすべきか

というようにしてある。

「まったくの見当ちがいだ」というご叱責《しっせき》を覚悟して、あえて検討材料を提出したい。それには、まず内村さんがなぜこの本を書いたか、という動機を考えることから始めたい。

第一章

『代表的日本人』をめぐる考察

1 内村鑑三さんはなぜこの本を書いたのか

日本とはなにか、日本人とはなにか

『代表的日本人』は明治四十一年（一九〇八）四月二十九日に英文で上梓《じょうし》された（『Representative Men of Japan』警醒社書店）。この本は、明治二十七年（一八九四）十一月二十四日に『Japan and the Japanese（日本及び日本人）』というタイトルで民友社（徳富蘇峰《とくとみそほう》主宰《しゅさい》）から刊行された著書の改版だ。

内村鑑三さんがこの本を書いたときの社会状況とは、その後一変した（というよりも内村さんの社会状況の受けとめ方がまったく変わってしまった）ために、明治二十七年発行の本から序文その他を除き、新しく四篇を加えたものだという。

この大改訂作業は次のような経緯で行われた――。

最初に書いた本の時代は、ちょうど日清戦争のときだった。内村さんはこの戦争に対し、「日本の対清戦争は義戦である」と主張した。ところが戦争の経緯を見ているうちに、次第に疑問を持ちはじめた。そして戦争が終わるころには完全に、

「この戦争は義戦ではなかった」と思った。

やがて日露戦争が起こる。このとき内村さんは開戦前から、「絶対非戦論」を唱えた。しかし皮肉な結果が起こった。それは、日露戦争でまがりなりにも日本が勝利したことだ。これは世界の国々を驚嘆させた。

「東洋の小さな国が大国ロシアに勝った」ということで、日本への関心がいっせいに高まった。特に、「日本とはなにか、日本人とはなにか」という一点に集中した。内村さんの著作はデンマークとドイツで訳された。このとき、『代表的日本人』という題名が決定したという。ドイツ語訳版の出版には、文豪ヘルマン・ヘッセの父などが関わりを持ったという。

最初の著作が書かれた動機は、内村さんの不遇に起因している。内村鑑三さんは万延《まんえん》二年（一八六一）二月十三日、高崎藩（現在の群馬県）の藩士、内村宜之《よしゆき》を父とし、ヤソを母として生まれた。東京英語学校を経て、明治十年（一八七七）、札幌農学校に第二期生として入学した。札幌農学校は現在の北海道大学だが、設立された当時はアメリカのマサチューセッツ州の農学の大家《たいか》で敬虔《けいけん》なクリスチャンだったウイリアム・S・クラーク博士を教頭として招いた。

クラーク博士が学生たちに与えた影響は大きい。内村さんは直接クラーク博士に接したわけではない。内村さんが入学したころは、クラーク博士は任期満了してアメリカに戻っていたが、その影響をもろに受けた。

クラーク博士は札幌農学校の校則を、「ビー・ジェントルマン（紳士たれ）」というわずか一項目で貫き、また去るときには、「ボーイズ・ビー・アンビシャス（少年よ、大志を抱け）」ということばを残した。わたしは小学生のとき、この「少年よ、大志を抱け」ということばが好きで、自分のヘタな字で書いた半紙を机の前に貼り付けて、毎日凝視《ぎょうし》していた記憶がある。

同期生に新渡戸稲造《にとべいなぞう》と宮部金吾《みやべきんご》がいる。札幌農学校では当時、「英語の内村、数学の新渡戸」と言われたらしい。いろいろな仕事に携わったあと、内村鑑三さんは明治二十三年（一八九〇）九月、第一高等中学校（現在の東京大学）で嘱託《しょくたく》教員になった。

ところが翌年の一月九日に不敬事件を起こした。学校側が教育勅語に書かれた天皇の署名に礼拝せよと命じたとき、内村さんが拒否したのである。内村さんにすれば「自分が崇《あが》めるのは神以外にいない」と思っていたから筋道の立った行動だったが、当時は許されない。いっせいに世の非難を浴びた。

内村さんは第一高等中学校を辞任した。大阪や熊本などを転々として、文筆生活に勤《いそ》しんだ。岩波文庫の解説によると、このころ、『代表的日本人』の執筆の動機が培《つちか》われたらしい。石もて追われるように東京を去った内村さんは、妻子を抱えて極貧生活を続けたという。しかしキリスト教への信仰心はいよいよ深くなり、『基督《キリスト》信徒の慰《なぐさめ》』や『求安録』などを書いた。また、英語で自伝も書いたが、出版を引き受けてくれるところがなかった。

このころ、内村さんはしきりに日本の「偉人伝」に親しみはじめたという。それは、かれがキリスト教国からたとえ異教徒と呼ばれていようとも、日本人の中にはキリスト教徒よりもむしろ優《まさ》っている人物がいるという歴史認識を持ったためだろう。そしてかれは次第に、「武士道」や「ヤマトダマシイ」にも関心を持ちはじめた。特に、西郷隆盛と日蓮に関心を持ったという。さらにカーライルの『英雄崇拝《えいゆうすうはい》論《ろん》』などにも影響された。

しかし内村さんは、「カーライルの本は単なる英雄崇拝ではない、いままで疑問視されてきた歴史上の人物にも新しい光を当てる著作である」と考えたようだ。たまたまこのころ（明治二十七年）になって、朝鮮半島をめぐる日本と中国（清《しん》）の緊張が高まった。六月の東学党《とうがくとう》事件をきっかけに日本は派兵した。そして八月一日に宣戦布告が行われる。

内村鑑三さんが『代表的日本人』の原型である『日本及び日本人』を書きはじめたのは、まもなくの九月十八日（日本が清国の海軍を黄海で破った日の翌日）だ。この『日本及び日本人』で、内村さんが特に前へ押し出したのは西郷隆盛と日蓮だ。

西郷隆盛のことは、そのころ日本が清に対して行っている戦争が義戦であることを、明治初年に示した人物として扱っている。つまり、朝鮮問題で正義を主張し、それが容《い》れられずに政府から野《や》に下った西郷隆盛こそ、日本が正義をもって立脚する国家であることを示した一大人物だと考えたのではなかろうか。そして日蓮については、国民が普遍的な法に基づき、権力や人によることなく生きる必要を説いた人物だと位置づけたと思う。

しかし前にも書いたように、日清戦争が終わるころから内村鑑三さんは、「この戦争は自分が義戦だと考えてきたことをまったく裏切った」と落胆《らくたん》した。そこで『日本及び日本人』をはじめとして、そのほかの論文で「日清戦争は日本にとっての義戦である」と主張したことを恥じ、その後は「およそ戦争と名のつくものに義戦などありえない。戦争はすべきでない」と絶対非戦論を唱えるようになった。

しかし『日本及び日本人』を改訂した『代表的日本人』においても、西郷隆盛の扱いについてはまだ、「正義の日本人」の残滓《ざんし》があちこちに残っている。

だから今回、この本のテキストにしている『代表的日本人』においても、内村鑑三さんの意図として、「西郷隆盛と日蓮を主体とする」という考えは消えていない。西郷隆盛には日本のあるべき姿やその生き方を示す方向を仮託《かたく》し、日蓮には無教会主義を唱えた敬虔なクリスチャンとしての自分の姿を投影している。

信奉する相手がカミとホトケの差はあっても、かれは日蓮に「行動する宗教者」の姿を色濃く発見したのである。その意味では、間に挿入された上杉鷹山、二宮尊徳、中江藤樹の三人は、内村鑑三さんにとって、「西郷や日蓮とは同格同等ではない」という気持ちがあったかもしれない。が、これは邪推《じゃすい》であって、わたしはあくまでも五人を同等の位置づけと考えたい。

2　「序文」を読む

名著に対しずいぶん勝手なことを書いたが、ここでご本人の『代表的日本人』を書いた目的や意図などについて、それぞれの「序文」のエキスを引いて紹介しておく。

『日本及び日本人』の序文

これらの評論のうち、最後の二篇はすでに一度出版されており、ほかの分も今回のために特別に用意したものではありません。いま、これらをまとめ、こういったかたちでこの時期に世に問うことが、わが国を代表する幾人かの人物を正当に評価するうえでなんらかの助けになると願っています。

現在、「時速六四キロメートル」で日本を探索してまわっている旅人によって多くのことが書かれています。しかし「この国に起源を持つ者」が記したことがどれもまったく歓迎されないわけではないでしょう。

ここで内村鑑三さんが序文として書いている内容の主なものは、「なぜ日本語でなく外国語で書くのか」ということの説明だ。ひと言で言えば、まだ日本語が国際語として使われるのには時期尚早《しょうそう》で、ステップ・バイ・ステップ的に考えれば、まず英語で書いたほうが、やがては「日本語をもって日本人のことを書ける時代がくる」と思うからだと言っている。

しかし次第に加速度を増す文明のスピード時代に、「日本人が日本人のことを書く迫力」については自負的な気概を持っている。この文章は前に触れたように、明治二十七年（一八九四）九月十八日（日清戦争において日本の連合艦隊が黄海の海戦で大勝利を博した翌日）に書かれた。

『代表的日本人』のドイツ語訳版後記

私は、サムライの子のなかでもっとも卑小《ひしょう》なる者、イエスキリストに従う者のなかでもっとも卑小なる者であります。いずれの関係においても、もっとも卑小なる者でありますが、それにもかかわらず、現在の自分のうちにあるサムライに由来するものを、無視したり等閑《とうかん》に付したりすることはできません。まさに一人のサムライの子として、私にふさわしい精神は自尊と独立であり、狡猾《こうかつ》な駆け引き、表裏のある不誠実は憎悪すべきものであります（前略ならびに後略）。

（内村鑑三『代表的日本人』鈴木範久訳、岩波文庫）

この文章は明治四十年（一九〇七）五月十一日に書かれた。内村さんはあえて自分を〝サムライの子〟と言う理由を、この文脈において、

「キリスト者の律法に比し、勝るとも劣らぬサムライの定めでは、『金銭に対する執着《しゅうちゃく》は諸悪の根源なり』であります」

と言い切っている。さらに、

「近代のキリスト教が公言してはばからないもう一つの律法『金銭は力なり』に対して、サムライの子であるからには毅然《きぜん》として異議を唱えるのは、私の当然の務めであります」

と胸を張っている。

スッと読めば、江戸時代の武士たちが持っていた、「武士は食わねど高楊枝《たかようじ》」の思想に通ずる。しかし内村さんがここで言いたいのは、単に「金の問題」や「金銭蔑視《べっし》」のことではないだろう。その前に、自尊、独立、権謀術策《けんぼうじゅつさく》の拒否、誠実尊重などの、言わば〝サムライの特性〟を列挙していることから見ても明らかだ。

内村鑑三さんの考える〝サムライ〟というのは、「あくまでも民の〝護民官《ごみんかん》〟である」という自覚に徹している。そうなると護民官であるサムライの持つべき特性は、

――対象に対して忠実・誠実であること。

――口先人間ではなく、まず実行すること（不言実行）。

――失敗したり問題を起こしたりしても決して弁解しないこと。潔《いさぎよ》く責任を負うこと。

――いたずらに自分の功を誇らないこと。たとえ他人から評価されなくても、自分の責務はこつこつと誠実に果たしていくこと。

――一つ道を選んだら、最後までそれを貫くこと（やたらに転職したり、上の批判をしたりしない）。

などではないだろうか。

そしてなによりも、「日常生活は清貧《せいひん》に甘んずる」という姿勢を貫くことだ。札

幌農学校でかれと机を並べた新渡戸稲造も、のちに「日本の武士道」を重視する。内村さんにも一脈通ずるものがあった。

3 「はじめに」を読む

本書は『日本及び日本人』の書名で十三年前の日清戦争中に出版された本の主要部分に、友人の助けを得て多くの訂正を加え、再発刊したものです。若き日のわが国に対する愛情はすっかり冷めてしまいましたが、わが国民のすばらしい諸資質に目を向けないわけにはいきません。わが国は依然として唯一の国土であり、「私の祈り、希望、敬意を余すところなく注ぐ」対象にほかなりません。無目的な忠誠心や血気にはやる愛国心といった、私たちについてよく言われる資質とは異なる、わが国の人びとの美点を外の世界に知らしめる助けとなることが、この外国語での最後の試みの目的であると考えております。

これは明治四十一年（一九〇八）一月八日に書かれた文章だ。言うまでもなく原稿は英文で書かれた。前にも引用したように、当時の内村鑑三さんは、「ほんとうは日本人のことを書くのだから日本語で書きたいのだが、日本語はまだ国際語としての位置づけがされていない。日本語がいずれ国際語として位置づけられたるためにも、まず外国語でこの作業を始める。そのことは決して無意味ではない」

という意味のことを言っているが、いわば〝苦渋《くじゅう》の表現〟である。

さてそこで、内村鑑三さんが『代表的日本人』を書いた動機や目的、意図を、わたし自身がどのように受けとめ、そしてどのように生かしているかを書いておきたい。

――内村鑑三さんが生まれた後の文久《ぶんきゅう》年間(一八六一~六四年)は、幕末のもっとも血なまぐさい時期で、政局の中心になった京都では思想の対立からやたらに暗殺が行われていた。

――だが、その陣痛期を通り越すと、日本は二百七十年にわたる鎖国状態から脱して、国としての曙光《しょこう》を見た。明治維新である。

――徳川幕府に代わって成立した明治新政府の国是《こくぜ》(国が正しいと信ずる政治の方針)は〝ヨーロッパに追いつけ、追いこせ〟だった。二百七十年にわたる鎖国状況下において、日本の文明ははなはだしく欧米に後《おく》れてしまった。特に、科学面において顕著だった。

――もう一つの国是は〝富国強兵《ふこくきょうへい》〟である。

――前の国是である〝ヨーロッパに追いつけ、追いこせ〟が科学面に力点を置くとするならば、それは具体的には〝工業化を急ぐ〟ということになる。

――この工業化が富国強兵の思想と結びつくと、日本は軍事大国をめざしているという誤解を生む。事実、そういう懸念《けねん》が列強間に広まりつつあった。

――この日本への警戒心は必ずしも当を得たものではない。やはり当時の欧米諸列強の大国主義があり、頭をもたげつつあった小国日本に対して、一種の侮蔑《ぶべつ》感や差別感があって、それが逆に警戒心と相乗効果を起こしていたと言えないこともない。

こういう状況に対して、内村さんは次のように考えたのではないかと思う。

――新生日本がめざす〝ヨーロッパに追いつけ、追いこせ〟と〝富国強兵〟の〝富国〟は決して間違ってはいない。

――〝ヨーロッパに追いつけ、追いこせ〟というのは、長い鎖国によって後れをとった日本が、特に科学面において後れを取り戻し、さらにその先をいこうという積極的な姿勢なのだから、これは大いに歓迎すべきである。また、奨励《しょうれい》すべきである。

——日本の近代化・科学化が進めば当然、国が富む。これは決して悪いことではない。富国はそのまま〝富民〟につながり、国民も生活が豊かになるからだ。

——問題は〝強兵〟だ。この小さな国が強大な軍事力を持ってどうしようというのか。外国の懸念にも一理ある。

——日本民族は決して他国に対し侵略したり、あるいは富を奪ったりするような民族ではない。むしろ同国人内においてもやさしさ、思いやり（孔子のいう「恕《じょ》」の精神）を大切にする国民だ。

——自分はそのことを信じているので、このさい諸外国の、日本への誤解を解くために代表的なよい日本人の例を分野別に選んで、これを英文で綴《つづ》り、まず外国人に読んでもらおうと思う。

変革は個人から始まる

内村さんはこう考えたのではないだろうか。

この辺はわたし自身に悪癖《あくへき》があって、

「歴史や歴史上の人物は円である。そのため、全方位対応ができるはずなので、必要とするものが必要とする角度・視座からある一面に対してだけ光を照射する」

という考えがある。

だから今回、その光を当てているのは、あくまでも内村さんが明治四十一年（一九〇八）に書いた『代表的日本人』であって、明治二十七年（一八九四）に書いた『日本及び日本人』については埒《らち》の外に置いている。いきおい、内村さんにおける、「義戦から非戦」という思想の転向過程についても、これを関心の対象にしてはいない。

歴史には「事実と真実」がある。知識に対するハングリー（飢え）の気持ちがあって、それを他に必死に求める者が得たいのは、主として〝真実〟だ。その場合、事例によっては、「真実が事実を超える」という場合もある。

この方法が決して正しいとは言い切れないが、求める者にとっては、トータルに事実を押し広げて、その中から時間をかけて真実を捜し求めるよりも、「いますぐにほしい真実」を得たい場合がある。

そうなると、あるプロセスを思い切って割愛《かつあい》することも生ずる。わたしにとっては、明治二十七年に書かれた『日本及び日本人』は関心の外に置いて、明治四十一年に書かれた『代表的日本人』だけが敗戦後のわたしがめぐりあった〝一期一会〟の本であり、同時にそれはいまのわたしを生かしていると言える。

こういう観点に立って、わたしの勝手な推測を続ける。

――内村鑑三さんは前に書いたような意図をもって『代表的日本人』を書いた。

――選んだのは分野別の五人。すなわち、政治家としての西郷隆盛、地方大名としての上杉鷹山、農民思想家としての二宮尊徳（金次郎）、地方の教育者としての中江藤樹、宗教者としての日蓮である。

――それぞれの伝記を書くうえで、内村さんはいわゆる史料を渉猟《しょうりょう》した。しかしそれらの資料は、必ずしも歴史学者の言う一級資料ではない。俗書類も多く入っている。これは内村さんに「伝記は極力わかりやすいものにする」という気持ちがあったためだろう。

――しかし、わかりやすい俗書を用いながらも、描かれたそれぞれの人物像の底にはピュアな精神が据えられた。すなわち代表的日本人たちの〝日本人的精神《スピリット》〟である。

――これは言うまでもなく、内村さんの限りない信仰心が基礎になっている。しかしかれは偏狭《へんきょう》なクリスチャンではなく、人間が行う精神的営為の気高《けだか》さ、その力強さを信じた。だからこそ日蓮に、自分の信仰態度を重ね合わせたのである。

選んだ五人の伝記を書くうえで、その地下水脈というか、バックグラウンドとして内村さんが基調音にしたのが〝サムライ〟であった。しかし、単なるサムライ像を頭の中に描いていたわけではない。おそらく内村さんの根底には、「〝サムライ〟は王道政治の実現者である」という考えがあったにちがいない。

古代中国には二つの政治の道があり、それは王道政治と覇道《はどう》政治だった。王道政治というのは、「仁と徳によって民を治めること」であり、言うまでもなく護民官である。日本でその護民官をもって任ずるのが〝サムライ〟だった。一方の覇道政治というのは、「武力や権謀をもって治めること」を言う。

王道政治の担い手が王者ならば、覇道政治の担い手は覇者だ。その実現手段に目的や欲望があったとしても、王者の場合には「公的な目的（すなわち公欲）」があり、覇者は「私的な野望（私欲）」の具現者である。古代中国における王道政治の担い手は必ずしも武士ではない。単なる「士」と呼ばれる文官が活躍した。

ところが日本では、徳川幕府や大名家の藩がそのまま「中央ないしは地域における軍事政府」だったために、幕府や藩の性格は「武士の、武士による、武士のための政府」になってしまった。平和宣言（大坂の陣の後の徳川家康の宣言）を行った日本では、本来なら武士は必要ないが、幕府や藩という軍事政府を担うためにすべて武士が登用された。

そうなると、武士そのものの変質が必要になる。矛盾《むじゅん》するようだが、武士は「武器を携えながら、文官の仕事（読み・書き・ソロバン）を行わなければならない」という立場に立たされた。この意識変革を行うときにもっとも活用されたのが「儒教」である。

内村鑑三さんの〝サムライ〟の意識の中にも、この儒教の影響が色濃く漂《ただよ》っている。明治時代の知識人は政治家、経済人、思想家、文学者、芸術家、軍人などの分野を問わず、どこかに儒教の影響を残している。内村さんも例外ではない。ましてかれは高崎藩という大名家の家臣（サムライ）の家に生まれているから、やはり士農工商の身分制があった当時、完全にこれから脱却していたとは言えなかっただろう。

しかし内村さんの場合には、その意識が「民をないがしろにしたりバカにしたりする立場を保持するのではなく、逆に民の護民官としての責任を痛感するもの」だった。その意味では、内村さんが代表的日本人として選んだ人物たちは、一般庶民、すなわち「治められる立場にある者」ではなく、「治める立場にある者」だけを選んだと言える。

政治家、地方大名、農民思想家、地方教育者、宗教者という職業分野に分けてはいるが、一貫して「人を導く立場にある者」であることには間違いない。つまり、「日本人はこのように人びとを導いている」ということを、いろいろな分野にわたってその例をあげたのだ。

ただ、わたしがちょっと気になるのは、明治四十一年（一九〇八）に書いた「はじめに」の中で、「若き日のわが国に対する愛情はすっかり冷めてしまいましたが、わが国民のすばらしい諸資質に目を向けないわけにはいきません」という箇所だ。これは読みようによっては、「日本国には絶望したが、日本国民には期待する」という意味にもとれる。

しかし国のない民は〝漂流する民〟であって、拠《よ》り所がない。そうなるとこの一文は、おそらく内村鑑三さんの、「愛してやまない日本国はこうあってほしい」という悲痛なナショナリズムが裏にあるのではないだろうか。つまり、男女の恋愛と同じようなもので、「恋しても愛しても、なかなかそれに応えてもらえない」という思いに通ずるものがある。

これは相手を見捨てるわけではない。あくまでも「自分が愛するように、相手も自分を愛してほしい」という希望と期待に満ちている。それが満たされない一時期に、「あなたを見限った」というような極端な表現をとることが、わたしたちの日常にはよくある。

だから内村鑑三さんの、一見、日本を見限ったようなことばの裏には、

「こんなにもたくさんの立派な代表的日本人がいるのだから、国のほうももう少ししゃんとしてほしい」

というアイロニー（皮肉、あてこすり）が隠されているのだと思いたい。

事実、『代表的日本人』のその後の読まれ方は、内村さんの願いに添って展開さ

れている。わたし自身もそういう受けとめ方をしている。幕末の開明的な思想家、佐久間象山《さくましょうざん》がこんなことを言った。

「わたしは二十歳のときに松代《まつしろ》人（藩人）であることを知り、三十歳で日本人であることを知り、四十歳で世界人（国際人）であることを知った」（意訳）

いまで言う〝グローカリズム〟（グローバルにものを見て、ナショナルな問題意識を失わずにローカルに生きていく）である。

吉田松陰《よしだしょういん》はその主宰する松下村塾《しょうかそんじゅく》において門人たちに、

「萩の一角にあるこの松下村塾から長州《ちょうしゅう》藩を改革しよう。長州藩を改革することによって日本を変革しよう」（意訳）

と言い放った。これもまたグローカリズムだ。

つまり、「国や世界を変革するのにも、まず個人の変革から始めなければならない」ということだ。すべての変革は個人から始まるということである。吉田松陰は佐久間象山の弟子だから、同じような思想を持っていた。

この考え方は、いまいちばん大事なものだ。特に現在は〝ＩＴ時代〟と呼ばれ、ＩＴ機器が子どもから大人までかなり普及している。これは言ってみれば〝オニに金棒〟であって、現代人はこの金棒を大いに活用すべきだ。少なくとも、「オニが金棒に振り回されるような状況」は克服しなければならない。

つぎに『代表的日本人』に書かれた人物たちの伝記を、極力、原文の意図を失わないように略述させていただく。

順に、西郷隆盛から始める。

第二章

内村鑑三さんの描いた西郷隆盛

1 一八六八年の日本の革命(明治維新)

まず最初の項では、長年鎖国を行ってきた日本がアメリカからやってきたペリーの開国要求に応じて、はじめ和親条約を、ついで通商条約を結んで本格的な開国を行った時期のことを書いている。

しかし内村鑑三さんは、「鎖国は天が命じたことであって、決して悪いことではない」と断じている。それも、「世界と関わらないことは必ずしも国家にとって災《わざわ》いではない」と見ている。鎖国を天が命じたというのは、西郷隆盛《さいごうたかもり》の思想に「敬天《けいてん》愛人《あいじん》」というのがあるので、西郷の敬《うやま》う天が日本が始まったときから鎖国をせよと命じていたと見たのだ。

だからこの鎖国の期間に日本人が、「世界もまた私たちを一員に迎える前に、さらなる洗練を必要としていた」という、言わば日本国民がその水準を高めるための〝充電期間〟であったと見ている。

そして充電が十分終わった日本国民を世界の座に招き入れてくれたのは、「アメリカ合衆国のマシュー・カルブレイス・ペリー提督だ」と、ペリーを高く評価している。それは内村さんも信じるキリスト教の使徒《しと》としてペリーが日本に遣わされたのだと見ているからだ。

この辺には、異論を持つ人も多かろう。わたし自身も、幕末の開国はペリーの恫《どう》喝《かつ》外交によって行われたと見ているから、内村さんの説をそのまま受け入れるのにはちょっとためらいがある。

2　誕生・教育・啓示

この項では、そういう時代に遭遇した西郷の生い立ちや子どものころからのものの考え方、あるいはかれが主として学んだ人びと、また西郷の思想をかたちづくった、特に王陽明《おうようめい》の教えの影響などを書いている。

さらに西郷は「禅にも関心があった」としておられる。

いずれにしても、西郷の教育はすべて東洋思想によるものだと言われる。

西郷には一生を通して、

㈠統一国家

㈡東アジアの征服

という二つの思想があり、これらは陽明学から導き出されたのではないかとしている。

また、人間には〝一期一会《いちごいちえ》〟という考えがある。これは生涯にたった一度しか会えない大切な人との出会いを言うが、西郷の場合には薩摩《さつま》藩主であった島津斉彬《しまづなりあきら》と、水戸《みと》藩の藩儒、藤田東湖《ふじたとうこ》の影響が強いとしている。

島津斉彬は幕末でも開明的な考えを持ち、そのすぐれた先見力と行動力は群を抜いていた。鹿児島市内に現在も残る磯《いそ》庭園(仙巌園《せんげんえん》)にヨーロッパの工業都市のような施設をつくり、ここを拠点に日本の近代化を図ったことはだれもが知っている。

一方、藤田東湖は内村鑑三さんのことばを借りれば、「大和魂のかたまり」だった。東湖は主人の徳川斉昭《なりあき》とともに熱烈な尊王攘夷《そんのうじょうい》論者であって、全国の青少年に多大な影響を与えていた。

西郷もその一人だ。内村さんは二人の出会いをつぎのように描いている。

――「この若者だけが私の胸のうちにある計画を受け継いでくれるであろう」と東湖は語り、弟子の西郷も「天のもと、畏怖するのは一人を除いてほかなし。その人とは東湖先生である」と応えた。

西郷がアジアに対する領土拡張を考えたのは東湖の教えによると書いている。そしてそれが天命であることを、あるとき天から声があって西郷に語りかけたという。

3 革命における西郷の役割

ここでは、「革命での西郷の役割をすべて書き記そうとすれば、革命通史を書くことになる」と前置きしながらも、「ある意味で一八六八年（慶応四年、九月八日に明治と改元）の革命は西郷の革命だったと言えるかもしれない」と書いている。

もちろん、革命という大事業が一人でできるわけはない。したがって内村鑑三さんも、この事業に携わった人びとが大勢いて、しかも西郷よりすぐれた人物もいたと正直に書かれている。

西郷は経済計画には無能であって、内政については木戸《きど》孝允《たかよし》（桂《かつら》小五郎《こごろう》）や大《お》久《く》保《ぼ》利通《としみち》のほうが精通していた。また、革命後の和平の定着に関する職務には三《さん》条《じょう》実美《さねとみ》や岩倉《いわくら》具視《ともみ》のほうがすぐれていたとする。

消去法的な考え方をすれば、ほかの人間がいなくてもこの維新は成立しただろうが、内村さんは「西郷がいなかったら絶対に実現しなかった」と断定される。それは革命のすべての出来事に対し、「西郷から始まり、西郷が方向づけしたと信じているからだ」と書かれている。

原文ではこのあと、藤田東湖との出会いののち日本に起こったさまざまな事件に、西郷がどう関与していったかが書かれている。

そして倒幕戦争のあと、幕府側の代表者である勝海舟《かつかいしゅう》との会見にくわしく触れている。会見した二人は愛宕山《あたごやま》に登った。眼下に広がる江戸の町を見ながら、勝がぽつんと言った。

「私たちが武器を戦わせるようなことになれば、なんの罪もないあの人たちが、私たちのせいで苦しむことになるだろう」

このひと言が西郷の胸を打った。そして平和的な江戸開城が実現する。

維新成立後、首府東京に出てきた西郷は政府の「参議《さんぎ》」という要職についた。しかし同僚たちとは考えが違った。それは同僚たちがここにとどまろうとしているのに対し、西郷は「新しい出発点」と考えていたためである。

西郷はさらに日本の統一を強め、別の目的(アジアへの領土拡大か?)のために、まだまだ軍事力を強めなければならないと思っていたのだ。おそらくほかの大名家(藩)に比べて異常に武士の占有率が高い薩摩藩の状況から考えて、西郷は武士の生きる場として軍人を念頭に置いていたにちがいない。

西郷の「征韓論《せいかんろん》」には、この武士救済の気持ちが多分にある。明治新政府はすでに国民皆兵《かいへい》を定め、武士以外の層からも国軍の要員をどんどんつくりだしていたからだ。

4　朝鮮問題

その意味で、西郷の関与した朝鮮問題については、当時の状況と、戦後の民主主義にズッポリ浸かったわたしたちの考えとでは発想がまったく違う。

内村鑑三さんは『代表的日本人』の中において西郷の朝鮮に対する考え方をくわしく述べておられるが、わたしは言及を避けたい。内村さんの原文を読んでいただきたい。そして読者なりに、内村さんの記述に対する考えをまとめてほしい。

5　反逆者としての西郷

ここでは、冒頭から、「西郷の人生にとって惜しまれるべき最後の時代については、あまり述べる必要がない」と内村鑑三さんも書く。そして、「西郷が時の政府に背《そむ》いて反逆者となったのは事実である。なにがこういった立場にかれを追いつめたのか、その動機についてはさまざまに推測されてきた。昔からの〝情のもろさ〟が反逆側と結託《けったく》した主な理由だ、というのがきわめて妥当な見解である」

と書かれている。さらに、

「西郷が時の政府に強い不満を抱いていたのは言うまでもない。しかし西郷のような思慮分別の備わった人間が、単なる恨みや憎しみのために戦争に向かうとは考えられない」

とし、内村さんはその理由を、

「反逆は人生の大きな目的に失望した結果だ、と主張するのは間違っているだろうか」

と、ご自身の考えを提起しておられる。

西郷自身の挫折《ざせつ》した大目的というのは、おそらく実現した維新政府の有り様が西郷の考えていた構想とは大きくかけ離れたものだったということだろう。内村さんは敗れたあと城山で部下に首を討たせた西郷のことを、

「日本の歴史における〝最後のサムライ〟だったのではないかと思う」

と結んでおられる。

ちなみに先般、アメリカでトム・クルーズが主演し、日本から渡辺謙が参加した

『ラスト サムライ』という映画があった。消息通によれば、あの映画のテーマは「西郷隆盛と大久保利通の対立」に発想されたもので、渡辺謙が演じた日本の武将は西郷をモデルにしているのだという。

そして題名の〝ラスト サムライ〟ということばは、あるいはこの映画を監督したエドワード・ズウィックやそのスタッフが、内村鑑三さんの『代表的日本人』の西郷隆盛の部分を英語版で読んでヒントを得たのではないかという気もする。

6　西郷の生き方と人生観

ここでは、巷《ちまた》で伝えられている西郷さんのエピソードも、内村鑑三さんはかなり取り入れておられる。

――「児孫《じそん》のために美田《びでん》を買わず」は西郷の有名なことばだ。西郷は妻子になにも財産を遺《のこ》さなかった。そのため謀叛人《むほんにん》の遺族であるにもかかわらず、面倒は国家が見た。

――西郷は犬好きだった。届け物はいっさい受け取らなかったが、犬に関するものだけは喜んで受け取った。犬は西郷にとって生涯の友だった。

中国古代の思想家だった老子《ろうし》は「道《タオ》の精神をもっともよく具現しているのが赤ん坊だ」と言った。〝道〟というのは単なるロードの意味ではない。老子は、「この世には宇宙の根源が存在するが、形もなく名前もない。仮に〝道〟と名づける」

と言った。

道の精神とは、「なにもしないこと、すなわち無為に徹すること」である。そして老子は、「その精神をもっともよく表しているのが赤ん坊だ」と言った。赤ん坊は無為の象徴だ。西郷にはこの純粋な〝赤ん坊精神〟が死ぬまであったのではないだろうか。犬はその辺を敏感に見抜く。だから相手が童心を持っていれば、飼い主でない他人でもすぐ尻尾《しっぽ》を振って飛びついてくる。西郷にはどんな犬でもじゃれつくような童心があったのである。

――西郷は口論が嫌いで、できるだけそういう場を避けた。

――西郷は他人の平和な暮らしをかきまわすことを嫌った。他人の家を訪ねても玄関口で用をすませた。しかも訪れたことをその家の人に告げず、相手が気づくまで黙って立っていた。

――西郷の言行には、つぎのようなものがある。

「天はすべての人間を等しく愛してくださる。それゆえ私たちも自分自身を愛するように他者を愛さなければならない」

「誠実さそのものの領域は人の秘密の部屋にある。その場で強くあれば、どこにおいてもその人間は強い」

「人は自身に打ち勝つことで成功し、自身を愛することで失敗する。なぜ十のうち八分で成功を収めながら、残りの二分で失敗する人が多いのだろうか。成功がもたらされると、自己愛が育ち、警戒が失せ、安楽への欲望がよみがえり、労がわずらわしくなるから失敗するのである」

「命も、名声も、地位も、金銭も求めない人はもっとも御《ぎょ》しがたい人である。しかし、こういった人の人生の試練・困難は分かち合うことができる。また、こういった人だけが国に功績を残すことができる」

「意を決し事を成せば、鬼神すら汝《なんじ》の前から失せるであろう」

「機会には二つの種類がある。われわれが求めずとも訪れる機会と、われわれが創り出す機会である。世の中で一般に機会と呼ばれるのは前者である。しかし、真の機会は、理にかない、時機に応じた行動によってもたらされる。危機が近づいているときには、われわれが機会を創り出さなければならない」

「どれほど方法や制度について論じても、それを動かせる人がいなければ役に立たない。まず人間ありき。その後、手段が働く。人間が第一の宝であるから、われわれはみな、人間であるよう心がけよう」

「正義の道を歩み、正義のために国とともに倒れる気概がなければ、海外列強との満足のいく関係は望めない。かれらの偉大さを恐れ、平和を欲するあまり、卑屈《ひくつ》にもかれらの意向に従えば、侮蔑《ぶべつ》的な評価を受けてしまうだろう。友好関係はこのようにして次第に途絶えはじめ、最終的にはかれらに仕えるようになる」

「国家の名誉が何らかの形で傷つけられたときには、たとえ国家の存在がそれによって危険にさらされようとも、公正と正義に従うことこそ政府の明白な任務である……『戦争』という言葉にひるみ、怠慢《たいまん》にも平和を買うことのみに専心するようでは、通商監督者と呼ばれるべきで、政府と呼ぶべきではない」

「金（経済）に振り回されるのは民のための政治を忘れた存在であって、経済機関であっても政府ではない」

さらに西郷のほかの言行について知りたい読者は、『西郷南洲遺訓《さいごうなんしゅういくん》』（岩波文庫）などの本を見ていただきたい。

内村さんは、「西郷は私たちに一冊の著書も残さなかった。しかし多くの詩と何編かの評論を残している」と前置きされて、つぎの三篇の詩を紹介しておられる。

――髪、私には何千筋もの髪がある

それは墨より黒い
心、私には一片の心がある
それは雪よりも白い
私の髪は分かつことができるが
わが心は分かつことができない

――道はただ一つ、「是か非か」
心は鉄や鋼
貧困が偉人をつくり
行いは艱難《かんなん》に生まれる
雪を知り梅は白く
霜を知る楓《かえで》は赤い
天の意志を知れ
誰が安楽を望むだろう

――地は高く、山間は深く
夜は静かで

われ人の声は聞こえず
ただ空を見るのみ

内村さんは、西郷隆盛の章の最後に、つぎのような文を書いておられる。

「われわれの歴史の中から偉大な人物の名前を二人あげるならば、私はためらうことなく太閤秀吉《たいこうひでよし》と西郷隆盛を選びます」

その理由を、「太閤の偉大さは、私の想像ではナポレオン的です」とし、「西郷の偉大さはクロムウェル的でした。ピューリタニズム（清教徒の信条）が欠けていたので、かれをピューリタンとは言えないということだと思います。西郷の場合、一途《いちず》な意志の力が強く、道徳的偉大さ、つまり最高の偉大さです」

と書いておられる。

内村さんが西郷隆盛を書くうえで使った資料は、『西郷南洲翁《おう》』（川崎紫山著、博文館、明治二十七年）と、同じ著者による『西郷南洲翁逸話』（磊落堂、同年）の二冊だけだったという。たまたまこの二冊が至近のところで発行されたせいもあるだろうが、それよりも内村さんの、「西郷隆盛を通じて伝えたい歴史的真実」が溢《あふ》れんばかりになっていて、そのことのほうが逆に内村さんに「数少ない資料を思うように活用させた」と言ってよいのではないかと思う。

7 わたしなりの西郷隆盛の補足

「正直者はバカを見る」現象の横行への怒り

『代表的日本人』における西郷隆盛の描写では、いままで書いたように、内村鑑三さんは最初の『日本及び日本人』でバックグラウンドにした考え方を大きく改めた。改訂の趣旨は、「戦争肯定論（義戦論）から非戦論（戦争罪悪論）への転向」である。

しかしその改訂意思は、西郷隆盛の項目においては必ずしも徹底していない。朝鮮を客体としての「日本侮辱論」がまだ生き残っているからである。

わたしは内村さんの、「戦争肯定論から非戦論へ」という考えを尊重して、この部分にはあえて目をつぶった。そのうえで、内村さんが伝えたい、「西郷隆盛の真実」だけに目を向けて、その部分の拡大復元を図った。その意図に基づいてわたしが拡大増強した西郷に関するエピソードは、つぎのようなものである。

――西郷隆盛は、内村さんが書いたように、薩摩藩の下級武士として生まれ貧しく育った。弘化《こうか》元年（一八四四）、十八歳のときに藩の郡方書役助《こおりかたかきやくたすけ》のポストについた。いまで言えば地方の税務署の書記補佐という位置だろう。郡方は郡役所のことで、主な仕事は「年貢《ねんぐ》の課税と徴収」である。

なにしろ江戸時代の大名家にとって、収入の大半（いわゆる主税）は米だった。これは藩庁（城内の役所）よりも、むしろそれぞれの地域における郡奉行所の役人たちの査定に左右される。それによって藩財政が豊かになったり貧しくなったりする。したがって、郡方の役人たちの権限は相当に強い。藩の収入を左右するからだ。ところが十八歳の西郷隆盛が赴任した郡方では、先輩役人のほとんどが賄賂《わいろ》を取り、その多寡《たか》によって「年貢の割り当て」を決めていた。そうなると、富裕な農民でも賄賂を納めれば年貢が安くなる。が、反対に賄賂を届けられない農民の負担はその分だけ大きくなる。したがって、「正直者はバカを見る」という現象が横行していた。

西郷は怒った。

西郷はある農家の一隅《いちぐう》に寄宿していた。当時、農家のトイレ（厠《かわや》）はたいてい屋内ではなく庭にあった。ある夜、西郷が厠にいったとき、深夜なのに牛小屋のほうから話し声が聞こえた。近づくと、この家の主人が牛に話しかけている。内容は、「おまえにもずいぶん協力してもらったが、明日は売りに出す。賄賂を届けなかったので年貢が高すぎて納められないからだ。かわいそうだが、おまえを売って年貢を納める。堪忍《かんにん》してほしい」というものだった。

西郷は農家の主人の身になって悲しんだ。同時に、汚職役人に対する怒りがふつふつと湧き上がってきた。

——正義感にかられた西郷は、この事実を上役である郡奉行、迫田《さこた》太次右衛門《たじえもん》に告発し、その処分を迫った。ところが迫田は、「この汚職は構造的なものであって、一奉行所だけでどうにかなるものではない。藩庁の改革から始めなければだめだ」と言った。同時にかれは良心的な役人だったから、自分の無力さを恥じて、西郷の正しさを容認し、辞任した。

——このとき迫田は自作の歌を西郷に与えた。

虫よ虫よ五《いつ》ふし草の根を絶つな　絶たばおのれも共に枯れなん

というものであった。「虫」というのは汚職役人だ。そして「五ふし草」というのは稲のことだ。つまり、この歌の意味は、「汚職役人よ、稲の根まで食いつくすな。そんなことをすればおまえたち自身も一緒に死んでしまうぞ」というものである。

——西郷は迫田からもらった歌を紙に書いて自分の机の前に貼り付けた。それは「どんなことがあっても私だけは絶対に汚職はしないぞ」という自戒の意味であり、同時に周りに机を置く先輩・同僚たちへの嫌味でもあった。勢い、西郷は嫌われた。

「敬天愛人」思想の誕生

——ちょうどこのころ、内村さんが名君と讃《たた》える島津斉彬が新しい藩主に就任した。斉彬は藩主になると同時に全藩士に向かって、「藩政に関する意見を直接私のところに出せ」と命じた。

——西郷は喜んだ。そしてつぎつぎと意見書を提出した。そのほとんどが郡方(郡奉行所)の役人たちの汚職の告発であった。しかしかれの意見書に対する回答は梨《なし》の礫《つぶて》で、島津斉彬からはその後なんとも言ってこなかった。西郷は絶望した。そして「意見を求めるなどというのは新しい藩主の調子のいい空手形《からてがた》で、本心は決してそんなものを受け付ける気持ちはないのだ」と怒った。

——その西郷に、ある日、城から呼び出しがきた。藩主の島津斉彬が直々《じきじき》に会いたいという。城(鶴丸城)の庭に通された西郷は池のほとりで斉彬に会った。斉彬はいままで西郷が出しつづけた意見書のことをよく知っていた。しかしこう言った。

「仲間の告発をするだけではこの藩はよくならない。いまのおまえはその池の中のカエルと同じだ。つまり薩摩のカエルにすぎない。もっと大きく目を開け。薩摩藩は大きな海に面している。日本のカエルになれ、そして世界のカエルになれ」

このことばは西郷に大きな衝撃を与えた。かれは悟った。

「殿の言われたとおり、おれはたしかに薩摩の小さなカエルだった。よし、日本のカエルになろう、世界のカエルになろう」

――以後、西郷隆盛は島津斉彬の庭方《にわかた》（隠密《おんみつ》）として国事に奔走《ほんそう》する。京都に出ていろいろな政治工作に携わった。島津斉彬は開明的な大名で、内村さんが書いたような「強固な攘夷論者」ではない。むしろ開国論者だと言ってよい。だからこそ、外国との交流を念頭に置き、日本の鎖国状態を破ろうとした。現在も鹿児島市の磯庭園に残る洋式の工場跡は、斉彬がこの時点から〝ヨーロッパに追いつけ、追いこせ〟を実行し、まず薩摩藩レベルでの工業化を実行していたことを物語っている。

――島津斉彬は外様《とざま》大名でありながら、当時の幕府老中《ろうじゅう》（総理大臣）、阿部正弘《あべまさひろ》と連帯して国政改革を企《くわだ》てていた。その一つに、「次期将軍には賢明で人望のある一橋慶喜《ひとつばしよしのぶ》を推《お》す」という一項目があった。何人かの開明的な大名が賛同した。しかしこの運動の途中で、阿部正弘が死に、続いて島津斉彬も死んでしまった。

――島津斉彬の信頼できる腹心《ふくしん》として京都で政治活動を続けていた西郷は、結果として幕府から追われる国事犯になった。このとき京都の僧、月照《げっしょう》とともに鹿児島に逃げ、錦江湾《きんこうわん》に飛び込んだが、月照だけが死んで西郷は生き残る。内村さんの書いたとおりである。

――島津斉彬のあとは弟の久光《ひさみつ》の息子、忠義《ただよし》が継いだ。しかし忠義はまだ若年のため、父の久光が実権を握った。そのため久光は「御国父様《ごこくふ》」と呼ばれ、人事や財政を思うままに扱った。西郷は久光が大嫌いだった。久光に対し、「あなたには兄上のような能力はない」とズケズケ言った。これが久光の癇《かん》に障り、西郷は久光によって二度も島流しの憂《う》き目に遭う。西郷は久光をバカにし、怨《うら》んだ。

――二度目に流された沖永良部島《おきのえらぶじま》で、西郷は先に島に流されていた川口雪蓬《かわぐちせっぽう》という学者に出会った。川口は大酒呑《の》みだった。酒代が足りなくなったときに藩の本を売ったために、その罪を問われて流されていた。その川口雪蓬が、「西郷さん、いつまでも怒ってばかりいないで、この本を読みなさい」と一冊の本を貸してくれた。

――川口が貸してくれた本は、細井平洲《ほそいへいしゅう》という学者が書いた『嚶鳴館遺草《おうめいかんいそう》』というものだった。これは、「民のための藩政改革をどのように行えばよいか」という改革のテキストであった。

——しかし本に書かれていたことは、単に改革の技法だけではない。その根本の精神が切々と書かれてあった。細井平洲が言うのは、「為政者は民の父母である。その子どもの悲しみや苦しみを親として感じ取り、それに手当てをしなければならない」ということだ。

——西郷は感動した。細井平洲が説いているのは、「愛民（民を愛す）」という思想である。西郷はこのことばを知ると同時に、自分の無力さと人間の器量の小ささを知った。そして天の存在を知った。かれはここで「敬天愛人」の思想を生む。民の範囲をすべての人間に広げたのである。

——この「敬天愛人」の思想はそのまま、尊敬しながらもその無力さに腹を立てていたかつての上司、迫田太次右衛門が残した、「虫よ虫よ五ふし草の根を絶つな絶たばおのれも共に枯れなん」に通ずる。これが西郷の生涯を通しての、「この世における自分の責務」になる。

この考えは、「武士の責務を〝護民官〟として考え、その立場は〝万人を愛す〟の一角を担うものである」という認識に到達する。この「敬天愛人」の思想と、「虫よ虫よ」の歌は、西郷が最後まで保ちつづけた「自分の生き方の基本」であった。

明治国家に対する西郷の失望と絶望

わたしは、西郷隆盛の幕末における、あるいは日本史における位置づけをこのように考えた。その後の西郷の行動もすべて、この「敬天愛人」のことばをカギとして考えれば理解できる。そして感動もする。

さらに言えば、これこそ内村さんが伝えたかった、「代表的日本人として最初に掲げた人物の意義」をそのまま継承しているのではないかと考えた。

そうなると、その後の西郷の行動を事細かく調べ、また追求する必要もなくなる。一途に生きた西郷が悲劇的な最期を遂げたのは、やはり「敬天愛人」に根拠がある。西南戦争を起こした直接の動機は、薩摩藩は全国の中でも武士の占める比率が異常に高かったために、明治維新後、「国民皆兵」という制度がとられて多くの武士が失業したからだ。九州南部の諸大名家のサムライの占める割合を見ても、薩摩藩は異常に高い。他藩ではだいたい一〇パーセント台から二〇パーセントどまりだが、薩摩藩の場合には三〇パーセントを超えている。

――国民皆兵を唱え、青年男子の徴兵制を布《し》いたのは長州藩の大村益次郎《おおむらますじろう》（村田蔵六《ぞうろく》）であり、その考えを引き継いだ山県有朋《やまがたありとも》だ。ともに長州藩の出身だ。幕末時、長州藩は二度の征伐を受けた。しかし二度目には勇敢に応戦し、長州を囲んだ幕軍を打ち破った。

——この強い戦力を担ったのは藩の武士ではなかった。一般の農庶民だった。そのためこの戦争を指揮した大村や山県は、「今後の戦争で武士は役に立たない。むしろ一般人のほうがはるかに強い」と認識した。これが国民皆兵の発想となり、徴兵制に発展した。

——これが全国的な制度として採用されると、諸大名家の武士は失職する。武士の構成比率の高かった薩摩藩にとっては大痛事だった。

——おそらく西郷はこの現状をしばしば政府に訴え、特に同僚だった大久保利通や長州藩の木戸孝允たちに訴えたことだろう。しかし大勢《たいせい》は西郷の願いを退《しりぞ》けた。

——西郷の考えとすれば、旧武士を救済するのは武士の生活確保のためだけではない。かれらは地域に密着した護民官だ。そのかれらを一掃することは、民の生活にも直接ひびく。徴兵制を実行してもよいが、やはり時間をかけたほうがよい、という判断があったのではないだろうか。つまり西郷にすれば、地方行政を行う武士とその地域の住民とは一体感があったのだ。

——しかし地方で仕事をする武士の失職が、そのまま地域住民のマイナスにつながるかと言えば、必ずしもそうとは言えない。それは西郷が期待するように、すべての武士が「護民官意識」を持って生きていたかどうかが疑問だからだ。

――また、詮索《せんさく》をすれば、西郷は自分が参加して実現した明治維新がはたして期待どおりのものであったかどうか疑問を持っていたのではないだろうか。西郷はよく言っていた。

「おれは古い家を壊すのは得意だが、新しい家を造るのは苦手だ。新しい家を造るのは大久保のような人物だ」と。

――明治国家は成立草創から近代化を図り、それはそのまま欧米化の道をたどった。西郷にとって、ガラリと洋風化したけばけばしい明治の世相は本意とするところではなかった。おそらく西郷はこういう状況に失望したのではないだろうか。

「おれは徳川幕藩体制という古い家を壊した。しかし実現した新しい家はまったく洋風になってしまって、日本のよさをどこかへ捨ててしまった。望んだものとは違う」

と感じたにちがいない。

――この失望と絶望からすれば、西郷はおそらく〝最後の死に場所〟を求めていたような気がする。

――明治十年（一八七七）の春、自分が育てた私学校の生徒が政府所管の火薬庫を襲ったという報告を聞いたとき、西郷は「しまった」と言った。が、すぐに「よか、おいどんの命をおはんらにあげよう」とも言ったという。そして、城山で抵抗を停止したときに部下の別府《べっぷ》晋介《しんすけ》（元陸軍少佐）に「晋どん、もうよか」と言って首を討たせた。静かな死に方だったという。西郷はとっくに死を覚悟していたのである。

　こうして西郷隆盛は、「最後のサムライ」としてこの世から去った。明治二十二年（一八八九）二月十一日、日本は「大日本帝国憲法」を発布した。そのせいだろう、西郷の反乱の罪も消され、かれは正三位《しょうさんみ》に復位した。

　このときの政府の総理大臣は、西郷が弟のようにかわいがり、また本人も西郷を兄のように慕っていた黒田清隆《くろだきよたか》だった。黒田清隆は了介《りょうすけ》と言っていたころに、西郷のために大いに活躍し、有名な〝薩長連合〟の工作にも携わっている。黒田清隆と伊藤博文《いとうひろぶみ》は、その年の暮れに「元勲《げんくん》」という称号を許された。虚空《こくう》にいる西郷はおそらく、「了介どん、大いによか」と微笑《ほほえ》んだにちがいない。

赤ん坊のような無垢な心を持ちつづけた西郷隆盛

　人間が極限状況に追い込まれると、どうしても思索面での努力が活発になる。西郷隆盛も同じだった。奄美大島や沖永良部島に流されたときは、行動の自由を相当制限される。したがって活発に動くのは頭脳だけだ。

　西郷が、「敬天愛人の思想」を持つようになったのは、沖永良部島で出会った薩摩藩の学者、川口雪蓬が怒れる西郷に、「西郷さん、いつまでも怒ってばかりいないで、この本を読みなさい」と言って一冊の本を貸してくれた、それが細井平洲の書いた『嚶鳴館遺草』であることは前に書いた。

この本に書かれた、「為政者は民の父母である」というひと言にすっかり感動した西郷は以後、島の住民とも昵懇《じっこん》になる。もちろん、島には土持政照《つちもちまさてる》という西郷をかねてから敬愛する島役人がいて、なにくれとなく面倒を見てくれた。本来なら牢に入れなければいけない西郷を、一軒の家を建てて住まわせてくれたのも土持だ。最初、奄美大島に流されたとき、西郷は島の人びとを軽んじていた。〝異国人〟などと呼んでいた。たしかに、鹿児島からやってきた西郷には、琉球《りゅうきゅう》王国の文化を保っている島民が異国人に見えたのは無理もない。そのため両方で警戒心を抱いた。

この壁を突き破ったのが、実を言えば島の子どもたちだ。子どもたちは西郷のところへ臆面《おくめん》もなく押しかけてきた。そして、「おじちゃん、おじちゃん」と慕った。やがて西郷は子どもたちにほだされる。これも老子が「赤ん坊がもっともよく道《タオ》思想を具現している」と言ったことに通ずる。欲得抜きで無心に西郷を慕う子どもたちに、西郷の心は次第にほぐれていく。

やがてかれは島民の要望もあって塾を開く。そして島の子どもたちに読み書きを教える。これが子どもを通じて大人たちとの心の交流に発展していく。それは西郷自身が、「赤ん坊のような無垢な心」を持っていたからである。子どもたちは西郷のその至純な心をめざして寄り集まってきた。

西郷は自ら悟る。「自分のこの心は至誠《しせい》と言っていい。天に通ずるものだ。天を敬い、人を愛そう」という気持ちになっていく。それが〝四文字〟になるのは沖永良部島だったろうが、下地はすでに奄美大島にいたときから培われていた。

老子が、「道精神の具現者は赤ん坊だ」と言うのも、年齢的な意味ばかりではないだろう。赤ん坊のような心を持っていれば、たとえ老いても老子の期待する存在なのだ。西郷にはそれがあった。西郷の「敬天愛人の思想」は、そのまま老子の言う「赤ん坊の無垢な精神の象徴」と言ってよい。

第三章

内村鑑三さんの描いた上杉鷹山

この項については、内村鑑三さんが信仰していたキリスト教との関係が深い論文なので原文を読んでいただきたい。妙な省略の仕方をすると、内村さんの意図を歪《ゆが》める恐れがあるからだ。

2 人物とその事業

岩波文庫版『代表的日本人』の解説によれば、上杉鷹山《うえすぎようざん》（治憲《はるのり》）を書くために内村鑑三さんが使った資料は、『米沢《よねざわ》鷹山公』（川村惇著、朝野《ちょうや》新聞社）の一冊だったという。この伝記は明治二十六年（一八九三）三月二十三日から六月二日にかけて「朝野新聞」に連載されたものだ。

内村さんは新聞連載中から、この記事に目をつけていた。これも西郷隆盛と同じで、内村さんにはすでに、「上杉鷹山についての自分の思い、メッセージとして社会に送りたい考え」が頭の中に充満していた。したがって、「早くこれを送りたい(書きたい)」という気持ちが先行するから、資料はその思いに見合うものが一つあれば足りる。

「朝野新聞」の資料によって内村さんが描いた上杉鷹山像を略記しよう。

――鷹山は十七歳で現在の羽前《うぜん》地方にある米沢の領地を継承した。

――秋月家という九州の小さな大名家に生まれた上杉鷹山は、地位においても領地の大きさにおいても格上の上杉家の養子になった。ところが私たちがいま思うほどには、この養子縁組は鷹山にとってありがたいものではなかった。これによって鷹山は国中を探してもほかにないほどの責任を引き受けることになったからだ。

――高い家柄出身のほかの子弟と違い、鷹山はとりわけ師である細井《ほそい》平洲《へいしゅう》に対して従順だった。細井は高い道義を備えた学者で、まったく無名の立場から責任ある地位に昇りつめた人物だった。細井はよく紀州初代の藩主、徳川頼宣《とくがわよりのぶ》の話をした。頼宣は周りの意見を聞かなかったために、その師から膝《ひざ》をきつくつねられたことがあった。そのとき黒いあざができた。頼宣はそのあざを見るたびに、師の教えを思い出したという。

――若き鷹山は、この逸話が繰り返されるたびに涙を流した。細井平洲は、「民をいたわることはわが体の傷のごとくせよ」ということばを何度も繰り返した。鷹山はこのことばを心の奥深くに刻みつけた。

——鷹山はつぎのような誓いの文を、生涯の守り神である春日明神《かすがみょうじん》に捧げた。

一、文武の修練は定めにしたがい怠りなく励むこと
二、民の父母となるを第一のつとめとすること
三、次の言葉を日夜忘れぬこと
贅沢《ぜいたく》なければ危険なし
施して浪費するなかれ
四、言行の不一致、賞罰の不正、不実と無礼、を犯さぬようつとめること
これを今後堅く守ることを約束する。もし怠るときには、ただちに神罰を下し、家運を永代にわたり消失されんことを。

以上

上杉弾正大弼《だんじょうだいひつ》

藤原治憲（鷹山の名）

明和四年（一七六七）八月一日

ちなみに、この誓文が発見されたのは明治になってからだという。納めた神社に

火災があり、そのときに持ち出した品物の中から発見されたという。

——鷹山が養子となった上杉家は、太閤以前の時代には全国でもっとも強大な藩の一つであった。太閤によって会津《あいづ》地方に国替えさせられてから上杉家の力は相当弱まったとはいえ、依然として有力藩であり、石高《こくだか》は百万石を誇っていた。その後、関ヶ原の合戦（慶長五年、一六〇〇年）で反徳川側についたため、再び国替えをさせられた。今回はさらに遠隔の米沢地方に移され、石高は三十万石に減らされた。その後さらに悪いことに石高は半分に減らされた（これは三代目のときに相続人をきちんと定めていなかったためである）。

——鷹山が藩主になったとき、上杉家は石高が十五万石に減っていた。にもかかわらず藩は百万石当時の家臣をそのまま抱え、あらゆる慣習やならわしも変わることなく残っていた。そのため新しい領地では藩を維持することは困難となり、藩の負債は数百万両にもなった。

——年貢とその取り立てが人びとを締めつけ、赤貧が領地のあちこちに広がっていた。

——藩の総力を結集しても五両の金も集められなかったことがしばしばあった。

——少年藩主、鷹山がまず手がけた仕事は、この状況に歯止めをかけ、なんとか許容できる状態へ回復させることだった。そして鷹山の守り神である春日明神がより大きな恵みを与えてくれるならば、領地を、古い時代の哲人たちの言う「理想の国」にすることだった。

――藩主になって二年がたったころ、鷹山ははじめて米沢の領地に入った。荒れ果て、見放され、住む人も減った村々を一つまた一つと通り過ぎるたびに、若く繊《せん》細《さい》な藩主の心は目の前の光景に強く動かされた。家臣たちが乗り物の中で眼前の小さな火鉢の炭を熱心に吹いている鷹山を目にしたのは、そのときだった。

「殿、よい火をお持ちしましょう」

と家臣の一人が申し出たところ、鷹山は、

「いまはよい。私は大事な教訓を学んでいるところだ。それについてはのちほど話そう」

と答えた。

――一行が夜を過ごした宿で、藩主は家臣たちを集め、その日の午後に学んだ貴重で新たな教訓について、こう説明した。

「人びとの窮状を目の当《ま》たりにし、絶望感にとらわれていたとき、私は眼前の小さな炭火に気がついた。火はいまにも消えそうなのだが、私がゆっくりと持ち上げ、我慢強くそっと息を吹きかけていると、うれしいことに、うまく生き返らせることができた。『同じ方法で私のもとにある土地や民を生き返らせることができるのではないか』と自分に言い聞かせていると、希望が内から湧いてきた」

3　行政改革

——他人に変革をもたらすためには、自分自身の変革から始めなければならない。当然、財政問題が取り組むべき第一の難題であった。秩序と信頼を回復するには、最大限の質素倹約に努める以外に道はない。それも藩主自らの倹約だ。

——そこで鷹山は家計の支出を千五十両から二百九両に切りつめようとした。五十人いた女中を九人に減らし、自らも木綿の着物だけを身につけ、食事は一汁一菜以上とらないように努めた。

——家臣たちも同様に倹約に努めなければならなかったが、これは財政改革の一面にすぎない。

——正しい統治には適材適所が不可欠である。鷹山はあらゆる手段を用いて〝能力に応じた人物〟を登用した。これは当時の封建制の世襲的な性格と反する、民主的な考え方であった。

——第一の役割は、村（郷）長と郡奉行だ。かれらは「民の父母」として小藩の行政業務全般を担う。

――第二の役割は、ある種の巡回布教師のようなものだ。「親孝行、未亡人・孤児への思いやり、結婚に関する諸事、着物の身だしなみ、食事や食べ方の作法、葬式、家の修繕など」の道徳や儀式を人びとに教えた。

――第三の役割は、きびしい警察官としての立場だ。人びとの悪事や犯罪を見つけ出し、罪に応じてきびしく罰する。

この第二、第三の階級の役人たちに、鷹山はつぎのような命令を出した。

「教導者として、地蔵（慈悲神）のような慈悲を持て。しかし不動明王《ふどうみようおう》（正義神）の正義を忘れず心に保て」

「警察官として、閻魔《えんま》（正義神）の正義と義憤《ぎふん》を持て。しかし地蔵の慈悲を心の底に持て」

――これら三つの役職は非常にうまく機能し合った。

――この新組織は五年間、いかなる方面からの妨害もなく機能しつづけた。秩序《ちつじよ》が姿を現しはじめ、絶望的だった社会に回復の可能性の希望がよみがえった。そのときもっともきびしい試練が訪れた。

――保守派が頭をもたげてきたのだ。私腹を肥《こ》やすとまではいかないまでも、旧体制に執着《しゆうちやく》する一派だった。かれらにとってはどんな改革も反対すべきものだったのだ。

――ある日、不満を抱えた七人の重臣が鷹山のもとへやってきて、新藩政の即刻の廃止を鷹山の口から引き出そうとした。鷹山は黙ったままだった。かれは民に判断をゆだねようとしていた。

――鷹山は家臣全員に呼びかけ、総会を召集した。鷹山は春日明神に赴《おもむ》き、平和的解決を願って祈りを捧げた。

――その後、信頼する家臣たちと向き合い、自らの施政が天の意志に反しているかどうか意見を求めた。村長たちは「いいえ」と答え、警察官たちも全員が「いいえ」と答えた。隊長も隊員も、答えは「いいえ」だった。鷹山の心は決まった。

――鷹山は例の七人の重臣を呼び出し、判決を言い渡した。かれらのうち五人は領地の半分を没収のうえ「無期限の閉門」となり、残り二人は首謀者として武士の流儀にのっとって名誉ある切腹を申し渡された。こうして守旧派と不満分子は処分され、藩の運営は豊かさに向けて流れはじめた。

4 産業改革

鷹山の産業政策にはつぎの二つがあった。
一、領内に未開の地を残さない
二、領民の中に「遊んでいる人間」をつくらない
そのため鷹山は全霊を傾けて農業を奨励《しようれい》した。

――平時には家臣の侍たちを農民として働かせ、荒れた原野を何千町歩《ちようぶ》もの農地へ変えた。

――また、鷹山は漆《うるし》の木を広範囲に植えるように命じた。このようにして、百万本以上の貴重な苗木がきわめて短期間に領内で植えられた。

――耕作に適さない土地には百万本以上のコウゾ（紙の原料となる植物）が植えられた。

――鷹山の第一の目的は、藩を国内最大の絹の産地にすることだった。

――この努力を鷹山は五十年間続けた。今日の米沢地方とすばらしい絹製品は、この藩主の忍耐と善行の賜物《たまもの》だった。

――領内には依然として手つかずの荒地が残っていた。しかし豊かな実りを期待する開墾《かいこん》には、なんといっても灌漑《かんがい》がよくなければならない。

――かつての日本において、もっとも驚嘆すべき規模の二大土木事業を立案し完成させたのはこの最貧の大名だった。工事の一つは、全長約四四・八キロメートルの陸橋と距離が長く高い堤防の建設を合わせた用水路工事で、どちらも水理工学技術の傑作《けっさく》であった。もう一つの工事は、大きな水流の向きを変えるためのトンネル工事で、固い岩盤を約三六五メートルも掘り進めたものだ。

――家臣の一人に黒井忠寄《くろいただより》という鈍重で無口な男がいた。鷹山がかれの能力を見出だすまで役立たずと見られていた。しかしこの男はこのうえなく算術に長《た》けていた。かれは粗末な道具を使って領内の土地を丹念に測量し、工事の計画を立てたが、それは同僚からはあまりに常軌《じょうき》を逸《いっ》していると見られていた。

最初の工事を完成させたあと、第二の工事に専念している間に黒井は死んでしまった。しかし死後も、かれが描いた計画どおりに工事は続行され、二十年後、ようやく両端からの掘削口《くっさくこう》が貫通し、トンネルは完成の日の目を見た。荒れ野に花が咲きはじめ、鷹山の領地に豊かな実りがもたらされた。

――鷹山はさらに民の幸福を考え、そのための配慮に手抜かりがないように気をつけた。鷹山は改良種の馬を持ち込み、池や小川には鯉《こい》や鰻《うなぎ》を放した。他藩から坑夫や機織《はたおり》職人を招き、通商上のあらゆる障壁を取り除き、領内のすべての資源を開発するため、あらゆる手段を講じた。

5 社会・道徳改革

――東洋的教えの美点の一つは、経済と道徳を決して切り離して扱わない点にある（経済の原語は「経世済民《けいせいさいみん》」だ。つまり、乱れた世を正し、苦しむ民を救うという意味である。単なるソロバン勘定ではない）。富はつねに徳の結果であり、両者の関係は木と果実の関係と同じである。木に肥料を与えれば、その結果労せずして必ず果実が得られる。民へ豊かな愛を与えれば、必ず結果として富がもたらされる。それゆえ、「偉人は木を思って果実を得る。小人は果実を思って果実を得ない」、こういった儒教の精神は、尊敬する師、細井平洲から教えられたものだ。

――鷹山は天からゆだねられた民を、大名も農民も等しく従うべき「人の道」へ導くことをめざした。

藩主になって数年たったころ、諸改革が軌道に乗りはじめると、上杉鷹山は長らく閉校になっていた藩校を復活させた。鷹山はそれを「興譲館《こうじょうかん》」と名づけた（この命名は細井平洲による）。これは「謙譲の徳を振興する所」という意味で、鷹山が望んでいた高い徳をきわめてうまく言い表している。館長には細井平洲を招いた。

——いかなる愛の施与《せよ》も病《やまい》を癒《いや》す手段を備えなければ完璧ではない。そのため鷹山は医学校を開設し、当時の日本の医学界の最高峰の二人を指導者として招いた。薬草栽培のための植物園も開設し、そこで採れた薬草を使って薬学の指導や調剤も行うことにした。当時は、西洋医学に疑いと恐怖の目が向けられていたが、鷹山は家臣の何人かを杉田玄白《すぎたげんぱく》という日本初の蘭方医《らんぽうい》のもとに送り、新しい医学を学ばせた。

——また、鷹山は社会政策も行った。一つは公娼《こうしょう》の廃止であり、もう一つは「伍十組合《ごじゅうくみあい》（地域の共通課題を解決する組織）」の設立である。特に「伍十組合」は鷹山のめざした理想国家をよく物語っている。くわしくお知りになりたい方は原文を読んでいただきたい。

6　人間としての鷹山

——私たちはよく英雄を神々のように祀《まつ》り上げて非難される。

人物はいない。

——しかしあらゆる人間のうちで鷹山ほど、欠点や弱みを数え上げる必要のない人物はいない。

——鷹山自身や藩が危機に見舞われたとき、鷹山が守り神へと向かったのは（あえて言えば）鷹山の弱さゆえだった。しかし鷹山の場合、弱さとは〝やさしさ〟の別名であった。

——鷹山が成人する前に両親の勧めるままに結婚した相手には、生まれつき知的障害があり、思考力は十歳の子どもにも達していなかった。けれども鷹山は妻に真の愛情と敬意をもって接し、妻のためにおもちゃや人形をつくらせるなど、さまざまな方法で慈《いつく》しんだ。

——もちろん鷹山は父親としても温厚《おんこう》柔和《にゅうわ》で、子どもの教育にたゆまず力をつくした。息子たちには「貧しい人を思いやること」つまり「自分勝手な目的のために大切な使命を忘れたり、犠牲にしたりしないこと」を教育した。孫娘に与えた一通の手紙は、そのことをよく物語っている（手紙は省略。原文を読んでください）。

——鷹山は文政《ぶんせい》五年（一八二二）三月十九日に亡くなった。民は自分の祖父母を亡くしたかのように涙を流した。葬儀の日には何万もの会葬者が道の脇を埋めつくした。

7　わたしなりの上杉鷹山の補足

人間愛に満ちた鷹山のヒューマニズム

わたしが書いた『小説 上杉鷹山』（集英社文庫、学陽書房他）は、わたしの代表作の一つになっている。これは「山形新聞」に連載したものだが、執筆の動機はもちろん内村鑑三さんの『代表的日本人』が土台になっている。

内村さんの書いた上杉鷹山の事績の中から、わたしはつぎの三つに力点を置いた。

――入国時に経験した〝火ダネ〟のこと。

――妻である幸《よし》さんへの愛情と介護ぶりのこと。

――棒杭《ぼっくい》の商いの美風。

そしてこの三つのことを実現するために、わたしはつぎの二つを中心に描いた。

――鷹山の人材開発（適材適所）。

――その指導力（リーダーシップ）の数々のこと。

ついでに言えば、わたしはいわゆる〝美濃部《みのべ》都政〟と言われた時代には、その中心においで仕事をした。わたしの書いた『小説 上杉鷹山』には、この体験がかなり投影されている。

自画自讃するよりも、逆に、「あんなことはしなければよかった」とか「あのことはまだまだやり足りなかった」というような反省材料がたくさんある。人間関係においても、わたしはこの時代に管理職として仕事をしたが、若年のためにいたらなかった面が多々ある。

そういう失敗や反省も込めて、あの小説を書いた。書き出しの「池の飼いならされた金魚と野生の魚との確執」は、わたしが三十二歳ではじめて課長になったときの体験をそのまま扱っている。その意味では、相当思い入れの深い作品だ。

そして内村さんと同じように、わたしが小説化するときに使った資料はわずか一冊である。『史伝 上杉鷹山』(杉原三郎著、日本産業報国新聞社、昭和十八年)だ。ただ申し訳ないことだが、著者の杉原三郎さんがどういう人なのか、わたしはいまだに知らない。この本には著者略歴がないからである。

この本を選んだのには理由がある。最初に書いたように、わたしはたとえば二宮金次郎に対し、小学校の教師が、「この銅像になっている金次郎少年は、この学校から多くの子どもを戦場に送り出した張本人だ」と言っていることに腹を立て、相当な疑いを持った。

そこでわたしは、「そうであるなら、逆に戦争中に書かれた人物伝記を読み直してみよう」と思い立った。当時は「大政翼賛《たいせいよくさん》」が叫ばれ、戦争遂行のための国策に協力することが善とされ、これに反対することはすべて悪とされた。おそらく日本産業報国新聞社が発行した『史伝 上杉鷹山』も、鷹山の農業振興と期待される人物像の育成に力点が置かれたのだろう。

ところが戦争中に刊行されたほかの出版物についても同じだと思うが、必ずしも著者たちは軍部や政府の言うことを鵜呑《うの》みにしてはいない。よく使う手だが、「序文」や「おわりに」という箇所でわずかに国策協力の姿勢を示してはいるが、本文はまったく違う場合がある。

この『史伝 上杉鷹山』についても同じことが言える。この本に書かれているのは、戦争遂行のための鷹山伝ではない。むしろ、「人間愛に満ちた鷹山のヒューマニズム」がテーマであり、同時に「地域における理想郷《ユートピア》づくりには、なにが必要であり、そこに住む人間はなにをすべきか」ということが力強く書かれている。言ってみれば、現在しばしば問題になる、「真の地方自治はいかにあるべきか」ということなのである。

為政者は民の父母でなければならない

わたしなりに調べた上杉鷹山の事績から、思い切ってかれの姿勢に加えたもののの一つに、「身分制の破壊」がある。徳川時代は士農工商の身分制によって、日本人は〝生きるマニュアル〟を強《し》いられていた。

ところが鷹山は、

――士農工商は職業区分であって、すなわち横の区分であって、縦の身分制ではない。

――サムライであっても農業の得意な者は農村にいけ。技術のある者（工）は山に入ってダムをつくれ。そして商業感覚のあるものはいまで言えばJA（農業協同組合）をつくって商人になれ。

――これは非常の措置であって恒久的なものではない。籍はあくまでも城に置き、給与も城から支給する。

と告げた。

特に鷹山の「主権在民思想」は、養子（養父の実子）に譲るときに与えた「伝国《でんこく》之《の》辞《じ》」にはっきり表れている。意訳すれば、「大名とその家臣のために地域住民は存在しているのではない。逆に、地域住民のために大名とその家臣が存在している」ということだ。

鷹山は、「年貢の納め手が地域行政の主人である」と断じたのだ。まだフランス革命も起こっていないときの発言だ。これは驚嘆《きょうたん》すべき思想である。その思想はあげて師の細井平洲から教えられた、「為政者は民の父母でなければならない」というひと言につきている。鷹山は徹頭徹尾《てっとうてつび》、この教えを守り抜いた。

心の赤字を克服しなければならない

内村鑑三さんの『代表的日本人』における上杉鷹山は、危機に直面したときに、しばしば神に対する敬虔《けいけん》な信仰心を発揮する。この信仰深さが内村さんのキリスト教への信仰に重なり、その点が内村さんにとっては好《この》もしく、また尊敬すべきものに見えたのだろう。が、やはり江戸時代の武士である鷹山にとって、なによりも心の支えになったのは「儒教《じゅきょう》」である。細井平洲も実学の人ではあったが、根本とするところは儒教だ。

したがって細井平洲が唱える、「為政者は民の父母でなければならない」という教えは、そのまま鷹山が大名として担うべき責任を果たすうえでの〝信仰の対象〟であった。つまり鷹山を支えた精神的な柱は、この〝民の父母を貫く〟という思想である。

この点はキリスト教に深い信仰心を持つ内村さんの思い入れを、いくぶん割り引いて受けとめる必要があるかもしれない。寛政《かんせい》時代の老中《ろうじゆう》筆頭、松平定信《まつだいらさだのぶ》は、「望ましい藩主の模範」として上杉鷹山と肥後《ひご》熊本藩主、細川重賢《ほそかわしげかた》の二人をよく話題にした。松平定信自身、白河《しらかわ》藩主で〝白河楽翁《らくおう》〟と呼ばれた。日本で最初の「老人の日」をつくり、同時に日本で最初の「公立公園」を造成した人物である。日本人の美しい精神をなによりも大切にした人だ。

松平定信も上杉鷹山も細川重賢も、やや精神主義的な傾向が強いが、しかし逆に言えば、この精神主義的な傾向がいまはかなり失われてしまっている。この復興のためにも、『代表的日本人』における上杉鷹山の事績は、現代の政治、経済、経営者の理念設定、あるいは組織におけるリーダーシップの執《と》り方などに多大な参考面がある。

これら三人の大名は、

「改革は、単に財政上の赤字だけではなく、人間の心の赤字を克服しなければならない」

という信念に熱く燃えていたからである。

8　いまも生きる〝鷹山精神〟

置賜さくら回廊沿線をデッサンする

JR東日本の山形新幹線・赤湯《あかゆ》駅からローカル線（山形鉄道フラワー長井線）が出ている。荒砥《あらと》というところまでいく。三〇・五キロメートルの線だ。いまは第三セクターが経営している。ゆるやかに最上川《もがみがわ》沿いを走る。

地元の人たちは、この線を「置賜《おきたま》さくら回廊」などと呼んでいる。沿線に桜の古木が多いからだ。数百年から千年にいたるような古い桜の木もある。

終点の荒砥駅は白鷹《しらたか》町に属し、白鷹山という山がある。推測だが、おそらく上杉鷹山の「鷹山」という号は、この白鷹山からとったのではないだろうか。というのは、米沢の城下町は言うまでもないが、鷹山が具体的に農業振興策としていろいろなことを行った実績がこの沿線に色濃く残っているからだ。

鷹山が振興した農産品には、青苧《あおそ》（麻の一種）や養蚕《ようさん》、和紙の生産、織物の生産（米沢織や紬《つむぎ》）などがある。これらの生産がいまもって沿線で行われている。

鷹山が愛したのは赤湯温泉だった。ここにはかれの有名なエピソードがある。自分がいままで着てきたつぎはぎだらけの古い襦袢《じゅばん》を宿の主人に与えて、贅沢を求める宿の娘の戒《いまし》めにしたという。

このローカル線の駅は、赤湯に始まり、南陽市役所、宮内、おりはた、梨郷《りんごう》、西大塚、今泉、時庭、南長井、長井、あやめ公園、羽前成田、白兎《しろさぎ》、蚕桑《こぐわ》、鮎貝《あゆかい》、四季の郷、荒砥だ。鷹山精神が息づく地域特性を駅別に掲げてみる。

〈梨郷〉

この地域は昔から「ヨネイチ」と呼ばれていたそうだ。米沢領でいちばん住みやすいところという意味だ。住民はつねに平和を保つことに力を入れ、上杉鷹山の指導により蚕《かいこ》を育てた。有数の養蚕地帯である。最上川から引いた水の便がよく、ジャガイモ、ダイコン、ゴボウなどの野菜の、県内指折りの産地として知られている。特にハクサイが名高い。鷹山時代から大地主がいないので階級間の闘争などもなかったという。文字どおり〝ユートピア〟をめざす地域であった。

〈西大塚〉

ここは〝福祉の町〟をめざしており、それに見合う施設も多い。これも鷹山精神にのっとれば、ヒューマニズムを実現した町と言ってよい。周辺に湿原があって、サギソウ、トキソウ、サワギキョウなどの花が咲く。

〈南長井〉〈長井〉

この地域は鎌倉時代から由緒のあるところだ。源《みなもとの》頼朝《よりとも》が奥羽《おうう》平定にやってきたとき、家臣の大江《おおえ》（長井）時広《ときひろ》が置賜郡の地頭《じとう》となってこの地域を〝長井の庄〟といった。そして自身も地域名を姓とした。やがて伊達《だて》氏に代わり、名臣、片倉小十郎《かたくらこじゅうろう》（景綱《かげつな》）の領地だったこともある。その後、蒲生《がもう》氏の領地となり、さらに上杉氏の領地となって、これも名臣と言われた直江山城守兼続《なおえやましろのかみかねつぐ》が統治したこともある。

元禄七年（一六九四）に最上川の舟運《しゅううん》が開かれ、生活物資を運んだ。長井は船の発着場となり交易の動脈になった。ここはアヤメの名所だが、さらに樹齢千二百余年になる桜の古木がある。〝久保の桜〟がそれで、別名〝お玉が桜〟と呼ばれている。

〈羽前成田〉

沿線には伝統的な工芸品として〝長井紬〟がある。天正《てんしょう》年間（一五七三〜九二年）から養蚕が盛んだったが、特にその振興を図ったのが上杉鷹山だった。鷹山は藩内に桑《くわ》を百万本も植えさせたという。鷹山自身も三の丸の隠居御殿の庭で自ら蚕を飼ったが、このとき指導を受けたのがこの地域出身の鈴木善四郎だったという。

鷹山は鈴木善四郎から教えられた養蚕の方法を書物にし、桑の育て方、蚕の飼い方、蚕室の温度などを書いて〝養蚕手引書〟として発刊した。その後、この地域から織物改良の研究者が輩出した。牛沢十助、高橋仁右衛門、西片吉太郎らである。地域内では紬にいろいろな名称をつけていたが、やがて〝長井紬〟に統一された。

〈蚕桑〉

文字どおり、養蚕をそのまま駅名にしている。県下有数の養蚕地帯であり、ここでつくられた蚕種は横浜港からイタリアなどにしきりに出荷されたという。桑市も開かれた。改良の研究も活発だった。

ここに〝高玉《たかだま》芝居〟という歌舞伎《かぶき》芝居がある。おもしろいのは、米沢藩上杉家は吉良上野介《きらこうずけのすけ》の息子が藩主になったこともあって『忠臣蔵』は上演禁止だった。ところがこの高玉芝居では、堂々と『忠臣蔵』が上演されている。推測だが、おそらく鷹山のはからいによるのではないだろうか。「いつまでもそんなことにこだわるべきではない」という英断があったのではないかと思う。

〈鮎貝〉

ここは和紙の生産地だ。伝統的な手漉《す》きで「深山紙《みやまがみ》」と呼ばれている。

〈荒砥〉

長井線の終点。最上川舟運を開くために、住民たちは大きな努力をした。鷹山の産業振興に協力し、養蚕を盛んに行い、さらに奄美大島《あまみおおしま》や越後《えちご》（現在の新潟県）の十日町から織物技術者を招いた。ここは若者たちの努力によって〝農工商〟が一体化する町づくりを実践し、都会へ流出した若者を呼び戻す運動も行っている。

〝四民平等のユートピア〟をめざして

上杉鷹山を書いた縁で、白鷹町長から講演に呼ばれたことがある。このとき感動する話に出合った――。

この町の桜の古木が、ある時期から元気がなくなった。心配した住民が調べてみると、桜の近くに新しく道路が造られていた。この新しい道路が、タコの足のように二〇～三〇メートルくらい張っていた古木の根を圧迫して根が呼吸困難になり、親の木に栄養分を送ることができなくなっていたのだ。そのため古木が衰えはじめた。

このことを知った町長は町議会に諮《はか》って、せっかく造った道路を壊してしまった。大勇断である。おかげで桜は生気を取り戻したという。

この話を聞いて、わたしは町長の勇断に感動した。町長もわたしに好意を持ってくれて、「桜を植えていきなさい」と言って桜の苗と鍬《くわ》を用意してくれた。

あれからもう十数年たつ。桜は「童門桜」と名づけられ、立て札も立っている。

なかなか現地にいけないが、管理してくれる町役場の職員からは、「今年も童門桜がきれいに咲きましたよ。ぜひ一度見にきてください」という知らせがある。

沿線のデッサンをしてみたのは、夢見がちなわたしの勝手な推測かもしれないが、この沿線には「いまだに鷹山スピリット（精神）が根づいている」ということを書きたかったのだ。

現実に地にしみ込んだ鷹山スピリットは、梨郷地域の人びとが「ユートピアをめざす」と言い切ったように、〝四民平等のユートピア〟をこの世に実現しようと努力したことでもよくわかる。おそらく、鷹山の願った地域はそういうものであったにちがいない。

しかしきびしい徳川幕藩体制の一員である鷹山には、そこまで踏み切ることはできなかった。せめて、職業における士農工商の区分を解き放ち、疲れた領地をもう一度元気づけることが精一杯だった。

鷹山がつねに告げた、「米沢城の武士はすべて民の護民官であり、わたしは民の父母である」という言い方と、子に領土を譲るときに伝えた、「大名とその家臣のために地域住民は存在しているのではない。逆に、地域住民のために大名とその家臣が存在している」という〝主権在民〟の思想は、現在、いよいよその必要性を増している。

第四章

内村鑑三さんの描いた二宮尊徳

1 十九世紀初頭の日本の農業

ここで内村鑑三さんは、つぎのように「日本の農業観」を述べておられる。

――「農業は国家存立の根本である」と言われるが、わが国ではまったくそのとおりだ。

――日本は四面を海に囲まれているので海運や商業については優位なものの、国民の生計は主に土地によって支えられている。

――土地から最大の収穫をあげるためには、人間の才と努力を最大限に発揮しなければならない。

――日本の農業は世界中でもっとも優れていると言える。土塊《つちくれ》の一つひとつが大切に耕《たがや》され、土から芽生えた苗の一本一本には、親の愛情と呼べるほどの手間と心遣いが注がれているからだ。

――長い鎖国生活のため、幕末まで日本人に欠けていた科学を不断の努力で補った。その結果、私たちは市場向け農園にふさわしい良好かつ完璧な耕地を有するにいたった。

――十九世紀初頭の日本の農業はじつに嘆かわしい状態にあった。二百年以上にわたる泰平はあらゆる階層の人びとに豪奢《ごうしゃ》と放蕩《ほうとう》をもたらした。その影響をまともに受けたのが農地だ。

――多くの土地で土地からあがる収入が三分の二に減少した。かつて耕地だった土地には雑草や灌木《かんぼく》が生い茂り、わずかに残った耕作地で年貢《ねんぐ》のすべてをまかなわなければならなかった。

――人びとは互いにだましあい、欺《あざむ》きあいながら、なんの希望もない生活を支えるために必要なわずかなものを手に入れようとした。

――諸悪の根源は道徳の欠如にあった。

――「自然」は愚かな息子たちに褒美《ほうび》を与えることを拒み、あらゆる災難を土地にもたらした。

――そのとき自然の法と同じ精神を持つ一人の人間が生まれた。それが二宮尊徳《にのみやそんとく》（金次郎《きんじろう》）である。

2 少年時代

——二宮金次郎、別名尊徳（「徳を尊ぶ人」の意）は天明《てんめい》七年（一七八七）に生まれた。

——父親は相模《さがみ》の国（現在の神奈川県）の名もない村の貧しい農民だったが、深い慈悲と高い公徳心で知られていた（近隣の人は〝ホトケさま〟と呼んでいた）。

——尊徳が十六歳のとき、尊徳と二人の弟は孤児となった。親戚が集まって話し合った結果、家族は引き離され、年長の尊徳は父方の伯父《おじ》の一人に養育されることになった。

——少年はできるだけ伯父の重荷にならないようにと、一所懸命に働いた。大人の男にできることが自分にできないと言って嘆き、未熟なために日中にやり終えられなかった仕事を深夜まで続けた。

——そのころ尊徳は学問に関心を持ち、字の読めない人間にはなりたくないと考えた。

——尊徳は孔子《こうし》の『大学』の写しを手に入れ、仕事を終えたあと夜遅くまで勉強に没頭した。

――ところが勉強しているところを伯父に見つかってしまった。伯父は自分にとってなんの得にもならない、そして尊徳にも実践的でない勉強のために貴重な油を使ったことをきびしく叱責《しっせき》した。尊徳は伯父が怒るのももっともだと考え、自力で灯り用の油を手に入れられるようになるまで勉強をあきらめた。

――翌春、尊徳はだれのものでもない川の堤防沿いのわずかな土地を開墾《かいこん》し、アブラナの種を蒔《ま》き、休日は自分の作物を育てるために費やした。一年がたち、かれは袋一杯の菜種《なたね》を手に入れた。尊徳はこの菜種を近所の油屋へ持っていって油と交換した。

――尊徳は勇んで夜の勉強を再開した。伯父から忍耐や勤勉をほめてもらえるのでは、と期待しないでもなかった。ところが伯父は、「養ってやっているのだから、おまえの時間はおれの時間でもあり、おまえたちのような者に一銭にもならない読書をさせる余裕などない」と言った。

――尊徳はまたもや伯父の言うことは当然だと考え、命令に従って日中は田畑で重労働をこなし、その後は筵《むしろ》づくりや草鞋《わらじ》づくりに精を出した。

――それ以来、尊徳は伯父の家で使う干し草や薪《たきぎ》を取りに山を往復する道々で勉強を続けた。

――そのころ尊徳は、村の中で洪水《こうずい》によって沼地のようになってしまった場所を見つけた。

――尊徳は沼地から水を取り除き、底を平らにならして、ささやかな田んぼに変えた。そこに農民ならふつう捨ててしまうような余った苗を植え、夏の間、丹念に手を入れた。その結果、秋には二俵分の黄金色《こがねいろ》の米が収穫できた。

――この秋の収穫は、かれが波乱に富んだ人生を始めるうえでの財政的基盤になった。

――尊徳は努力を惜しまぬ正直な人間に対して自然は必ず報いてくれるということを学んだのだ。

――数年後、尊徳は伯父の家を出ていった。自分で見つけ、改良した、村の見捨てられた土地で自《みずか》らが収穫したわずかな穀物を手に、何年も打ち捨てられたままになっていた親の小屋に戻った。

――尊徳は忍耐、信念、勤勉をもって荒れ地を豊穣《ほうじょう》な土地に変えていった。山の斜面、川の堤、道端、沼地など、あらゆる不毛の地がかれに富と財をもたらした。

――数年のうちに尊徳はかなりの資産を有するようになった。その模範的な倹約ぶりと勤勉さは近隣の人びとの敬意を集めるところとなった。

3 尊徳の能力への試練

――尊徳の名声は日ごと高まり、そのすばらしさは小田原藩主《おだわら》、大久保忠真《おおくぼただざね》の耳にも届いた。

――藩主は当時、幕府の老中《ろうじゆう》として国内で比類なき影響力を発揮していた。

――価値ある領民を、名もない田舎《いなか》暮らしに埋もれさせておくのはもったいない。しかし当時の封建制のもとで一介の小作農が影響力のある立場に昇進するには、並外れた能力を示さなければならなかった。旧《ふる》い社会規範を打ち破るには、それに反対する人びとを押し黙らせるだけの能力が必要だった。

――このため尊徳に課された仕事は、不屈の精神を持つ尊徳のみがやりとげられるような困難なものだった。

――小田原藩の所領の中に下野《しもつけ》の国（現在の栃木県）の物井《ものい》、横田、東沼《ひがしぬま》という三つの村があった。何世代にもわたって捨て置かれていたため、恐ろしいほど荒れ果てていた。

――かつては四百五十世帯が住み、米四千俵を領主に年貢として納めていた。しかしいまではキツネやタヌキが人家に入り込み、人口も三分の一に減っていた。

——貧しい農民から徴収できる年貢は多くて八百俵ほどだった。

——貧困は道徳的荒廃をもたらし、かつて豊かだった村々は博徒《ばくと》たちの巣窟《そうくつ》と化していた。

——村の復興は何度も試みられたが、村人自身が怠《なま》け者や泥棒だったため、お金を投じ、権力を行使してもまったく役に立たなかった。

——しかしこういったなんの役にも立たない村こそ、小田原藩主が目論《もくろ》んでいた目的にふさわしかった。

——この三村に富と繁栄を取り戻すことができる人間なら藩内のすべての廃村（廃村は非常にたくさんあった）の再興を任せられるだろう。その成果を知れば、尊徳の登用に対して人びとが不満を持つこともない。

——しかし尊徳は自分は地位が低いし、公の性格を持つ事業に関してまったく無能だと言って、この栄誉を辞退した。土地を耕すだけの人間に望める最高の成功は、自分自身の家族の財産を復興させることであり、それさえも自分の能力だけでなく祖先から受け継いだ徳によるものだと考えていたのだ。

——三年もの間、藩主は尊徳に要望を容《い》れるように迫りつづけた。一方、尊徳は頑《かたく》なに謙虚な態度を保ちつづけた。

――立派な領主の熱心な要求に抵抗しきれなくなったとき、尊徳は復興を託されている三村の状況を詳細に調査する許可を求めた。

――目的地までの約二〇八キロメートルを自分の足で歩き通し、数カ月を村人と過ごし、家を一軒ずつ訪ね、注意深くかれらの暮らしぶりを見てまわった。

――土壌の質、荒廃の程度、排水、灌漑《かんがい》の可能性など、緻密《ちみつ》な調査を行い、荒廃した一帯を復興することができるかどうか、徹底的に試算するための情報を収集した。

――小田原藩主に提出された尊徳の報告書は、きわめて悲観的なものだった。

――が、まったく手も足も出ないというわけではなかった。「仁術《じんじゅつ》さえ施せば、貧しき人びとに平和と豊かさを取り戻すことができる」と尊徳は報告書の中で述べている。

――その方法を、「金銭を与えたり、年貢を免除したりしても、かれらを不幸から救い出せません。ほんとうに救済するには、荒廃した土地を自らの力で切り開き、貧困から自力で抜け出させなければなりません。殿にはこの痩《や》せこけた土地からあがってくる収入がどれほどであっても、それを妥当なものとして受けとめ、それ以上多くを望まないでいただきたいのです。一反《たん》（約一〇アール）の田から二俵の米がとれるとすれば、一俵は人びとの必需品のために、もう一俵は残りの荒廃地の開墾の資金にあてるべきです。仁愛、勤勉、自助――これらの徳を厳格に実行することによってのみ村に希望が見えてきます」と述べた。

――計画は採用され、尊徳は十年間、実質的な村の長《おさ》となった。一方で尊徳は祖先の資産を復興する仕事が道半ばであることを悲しんだ。

――しかし公の仕事に着手したうえは、個人的な利益を顧《かえり》みることはできない。「千軒もの家を救うためには自分の家など犠牲にしなければならない」。尊徳は自らにそう言い聞かせた。

――尊徳は妻の許しを得て、自分の決意を「声に出して祖先の墓前に報告」し、家をあとにした。別世界に旅立つかのように退路を断ち、生まれ故郷の村を離れ、主君と領民に誓った仕事にとりかかった。

――尊徳の「荒廃した土地や人心との闘い」について、ここでは詳細に述べない。尊徳は智謀・智略に長《た》けていたわけではない。尊徳にあったのは、「魂の誠は天や地を動かすほどに強い」という信念だけだった。

――尊徳は贅沢《ぜいたく》を退《しりぞ》け、身につける衣服は木綿に限っていた。他人の家でもてなしを受けることはなく、睡眠は一日二時間。田畑にはだれよりも早く向かい、だれよりも遅くまで残って働いた。尊徳自ら、貧しい村人に降りかかった困難を耐え忍んだ。

――部下に対しては、尊徳は自分自身を評価するのと同じ基準、つまり動機が誠実かどうかで判断した。尊徳にとっての最高の働き手はたくさんの仕事をこなす者ではなく、もっとも崇高《すうこう》な動機で働く者だ。ある男が人の三倍働くほど勤勉なうえに人あたりもよいという理由で、尊徳のもとに推薦されてきた。

――尊徳はその男を呼び寄せ、かれがほかの役人の前でやったとされているのと同じ方法で、尊徳の目の前で一日の仕事をやってみせるように求めた。しかしその男にはやれるだけの能力はなかった。男はすぐに、役人の前でだけ三人分の仕事をしてみせたと邪《よこしま》な動機を白状した。

――働き手の中に、高齢で一人前の仕事がほとんどできない男がいた。いつも木の切り株を取り除いていた。それは骨の折れる仕事で、しかも目立たない。この男は自分が選んだ仕事に満足している様子で、ほかの人間が休んでいる間も働きつづけた。かれは「切り株掘り」と呼ばれ、だれにも気にとめられることはなかった。

――尊徳の目がその男に向いた。給料が支払われる日のこと、いつものように尊徳が働き手たちに手当てを渡していたが、もっとも高い名誉と報酬を与えられたのはほかでもない、その「切り株掘り」だった。

――これには全員が驚いた。が、だれより驚いたのはその男だった。男は言った。

「私には一人前の価値などございません。ご覧のような年寄りで、私の働きはほかの人にはるかにおよびません」

それに対し、尊徳はこう言った。

「いや、違う。おまえはだれもやりたがらない仕事をした。おまえが切り株を取り除いたおかげで障害物がなくなり、われわれの仕事が格段に進んだのだ。これはおまえの実直さへの天の褒美なのだ。おまえのような実直な人間と出会えることほどうれしいことはない」

——尊徳に反対する者も数多くいた。しかし尊徳は「仁術」によって克服していった。小田原藩主が尊徳の同僚として差し向けた男と折り合いをつけ、自分のやり方に従わせるために三年を要したこともある。

——村には救いようのないほど怠惰《たいだ》な人間もいた。その男は尊徳のあらゆる計画に対して激しく反発した。かれの家はいまにも壊れそうな状態で、自分の貧しさは新しい行政の弱さを示すものだと近所にふれまわっていた。

——あるとき尊徳の家人が、この男の家の便所を使わせてもらったことがあった。便所は長年手入れをしていなかったために腐った状態で、ほんの少し触っただけで地面に崩れ落ちてしまった。男の怒りは収まることを知らず、不始末を詫《わ》びる家人を持ち出した棒で一、二度殴《なぐ》り、尊徳の家まで追いかけていった。尊徳の家の門前に立ち、自分が被《こうむ》った損害や、尊徳が地域に安寧《あんねい》・平和をもたらすうえで無能だということを、周囲の群衆に聞こえるように大声で叫んだのだ。

――尊徳はこの男を呼び入れ、家人の不始末をできるかぎりの丁寧さを込めて謝罪した。そしてつぎのように言った。

「便所があれほど壊れやすい状態だったことからすれば、家もよい状態とは言えないのではないか」

「見てのとおりの貧乏人で、家の修繕などできるものか」

男は無愛想に答えた。

「では、修理をする者を差し向けようと思うのだが、どうだ、異存はないか」

尊徳は穏やかにこう尋ねた。

――古い家を取り壊し、新屋を立てるための地ならしをするために、男はすぐに家に戻された。翌日、尊徳の部下が新築用の資材を持って現れ、数週間のうちに近所でもっとも見栄《みば》えのよい家が完成した。便所も修理され、だれが触れても壊れなくなった。こうして村一番の厄介者《やっかいもの》が屈服した。この男はそれ以来、尊徳に対してだれよりも忠誠をつくすようになった。

――あるとき、村全体に不満が広がり、「仁術」をもってしても鎮められないことが起きた。尊徳は責められるべきは自分だと考え、ある日突然、人びとの前から姿を消してしまった。人びとは尊徳の行方《ゆくえ》を心配した。数日後、祈りと瞑想《めいそう》のためにかれが遠方の寺（成田山）にいることがわかった。

――実は尊徳は村人をよりよく指導できるだけの誠実さを身につけるために二十一日間の断食《だんじき》をしていたのだ。

――尊徳に一日も早く戻ってきてもらうよう懇願《こんがん》するために、その地に遣《つか》いが送られた。尊徳の不在によって人びとが無秩序に陥り、尊徳なしには物事がうまく運ばないことに気づいたからだ。

――断食期間が終わると、尊徳はわずかな食事をとって体力をつけた。尊徳は村人が悔い改めていると聞いて心の中で歓喜しながら、村に向かう約四〇キロメートルの道のりを歩いて帰った。

――数年間のたゆまぬ努力と質素倹約、そしてなにより「仁術」によって荒廃は完全に姿を消し、生産性もまずまず回復しはじめた。

――約束した十年が過ぎた。村人はかつて繁栄した時代と同様に米四千俵を収穫するようになったうえ、穀物をぎっしり保存した穀物庫をいくつも持ち、数年分の収穫不足に備えるまでになった。

――尊徳の名声は津々浦々《つつうらうら》に広がり、全国の諸大名が廃村復興に関してかれの指導を得ようと使者を送ってきた。

4

個人的な支援

ここでは、尊徳が身近な困っている人びとに与えた親切な援助の例が紹介されている。

――貧困に苦しむ農民の一団が領主の失政に不満を募らせ、先祖伝来の地を離れざるをえなくなり、尊徳に指導と助言を求めてきた。尊徳はつぎのように言った。「みなに鍬《くわ》を一丁ずつ与えよう。もし私のやり方を取り入れてそれに従えば、必ずその鍬で荒地を楽土《らくど》にできる。それは私が保証しよう。ほかの土地に運を求めなくとも、借金を返し、再び豊かな生活を送れるようになるだろう」

農民たちは尊徳から言われるがままに一丁ずつ鍬を受け取り、助言に従ってまじめに働いた。そして数年のうちに失ったものをすべて取り戻し、さらに大きなものを得た。

――村人への影響力をまったくなくしてしまった名主《なぬし》が、尊徳の知恵を求めてやってきた。尊徳の答えはきわめて単純だった。「己《おのれ》への愛が強すぎるのだ。あなた自身とあなたのすべてを村人たちに与えることだ」「どうすればできるのでしょうか」「土地、家、衣服のすべてを売り払ってしまいなさい。そして手に入れた金はすべて村に寄付し、村人のために捧げるのだ」。

――名主は決心するまで数日の猶予《ゆうよ》を求めた。尊徳は言った。「あなたは自分の家族が餓えることを案じているのだな。あなたが自身の役目を果たすなら、私はあなたの相談者として、その役目を果たそう」。名主が村へ戻って助言どおりに実行したところ、名主は影響力と人望をただちに取り戻した。

――藤沢の町に一人の米商人がいた。不作の年に高値で米を売ってかなりの財を成していたが、つぎつぎと家族に不幸が降りかかって破産寸前の状態だった。親族の一人が尊徳の知り合いだったので、失った財産を取り戻す策はないかと尊徳の知恵を求めてきた。「手元に残っているものをすべて人に施し、自分の腕一本で一からやり直すことだ」と尊徳は言った。

――尊徳の目には、不正な方法で得た財は財とは映っていなかった。米商人は残りの七百両をすべて町の人びとに分け与え、自分は回漕《かいそう》業を始めることにした。

――これにより、この男の貪欲さが引き起こした人びとの悪感情はすぐに収まった。男の不運を喜んでいた人も、いまでは助けにくるようになった。かれが櫓《ろ》を漕《こ》いで過ごしたのはほんの短い期間ですんだ。

――孔子の書も「禍福《かふく》は向こうから訪れるのではなく、人がそれを招くのだ」と言っているではないか。

――尊徳は近づきやすい人ではなかった。はじめての人はどんな階級の人でも門前で追い返された。粘り強い人だけが話を聞いてもらえた。

――あるとき、一人の僧侶が檀家《だんか》の救済のための助言を求めて、遠路はるばる徒歩でやってきた。しかし接見の願いはあっさり断られてしまった。ところが忍耐強い僧侶は法衣《ほうえ》を尊徳の家の門前の地面に広げ、三日三晩座りつづけた。尊徳は僧侶に即刻立ち去るように命じ、「人びとの魂のために祈るなり、断食を捧げるなりすべきだ」と告げた。

――このようなことが数回繰り返されたあと、僧侶はようやく信頼をもって迎え入れられた。そして数年後には尊徳から惜しみなく金言や知恵や交誼《こうぎ》を授かるまでになった。

――尊徳の知己《ちき》となるには非常に大きな労を要したが、ひとたび親交が始まればこれほど尊《とうと》く、長く続くものはなかった。尊徳は嘘《うそ》のある、不誠実な人とは関わらなかった。そんな人間は天および天の理に反するからだ。

5 公共事業一般

――領地を治める約十名の大名たちが尊徳の支援を得て、疲弊《ひへい》した領地の改良に成功した。尊徳は幕府に雇われるほどになったがその役目はその地に根ざしたものだったので、同じ貧しい労働者の中で働いているほうがもっともかれらしく見えた。

――尊徳は自然と一体であり、急ぐこともなければ、現在だけを考えて仕事の計画を立てることもなかった。自分を自然の流れの中に置き、流れのままに、流れを助けたり、流れを強めたりする。尊徳自身も流れに助けられ、流れによって前に押し出される。宇宙が背後で支えてくれているので、仕事の大きさに圧倒されることもなかった。

「あらゆるものには自然の道筋がある。私たちは自然の道を求め、それに従わなければならない。そうすれば山は平らになり、海の水は排され、大地自身がわれわれの目的に役立ってくれるようになる」

尊徳はよくこのように語っていた。

――あるとき尊徳は幕府から、利根川下流の大沼の排水を実現する計画について報告するよう命じられた。この事業が実現すれば、公共の利益に三つの点で計り知れない恩恵がもたらされる。まず、浅くて腐敗ガスの多い沼地を何千町歩《ちょうぶ》もの肥沃《ひよく》な土地に蘇《よみがえ》らせることになる。つぎに、洪水のときには溢《あふ》れた水を排することで毎年この地方を見舞う被害を防ぐことができる。さらに、川と江戸湾（東京湾）の間に新たな短水路を生み出すことになる。

——この巨大事業に関する尊徳の報告書はかなり不可解なものだった。それでも同じような規模の工事作業が数多く頓挫《とんざ》した原因を的確に指摘していた。報告書には「可能かもしれないし、不可能かもしれない」と書かれていた。「唯一考えられる自然な道筋を選び、それに従えば可能である。しかし人間の本性は総じてそうした道に従うことを嫌うものである。だとすれば不可能である。私は運河を掘る地域の民の士気の低下ぶりをよく知っている。事業にとりかかるにあたっては、第一に、これを『仁術』によって正さなければならない」

——尊徳が生涯のうちで実際に成功させた事業は、地理的な範囲で言えばそれほど広くはない。しかし厳格な階級区分があった時代に、尊徳のような社会的地位の人間が行ったこととしては相当な事業だった。

——あらゆる偉業《いぎょう》の中で特筆すべきは、磐城《いわき》地方相馬《そうま》地区の復興だ。ここは二百三十の村からなり、もともとそれほど寂《さび》れた地域ではなかったが、いまでは国内有数の豊かで栄えた地域になった。

――事業の規模にかかわらず、尊徳の着手の方法はきわめて単純である。まず全精力を一つの典型的な村、たいていの場合、地域内で最貧の村に集中させる。なんとしてでもその村を尊徳のやり方に変える。これが事業全体の中でつねにもっとも困難な部分である。この村を救済したら、つぎはこの村を全域を転換させるための基地にするのだ。

――尊徳はある種の伝道師の精神を農民の変革に持ち込んだ。農民たちは自分たちが尊徳に助けられたように、近隣の村を助けるように促される。目の覚めるような例を目の前に示され、新たな息吹《いぶき》を吹き込まれた人びとから十分な支援を受けることで、地域全体が同じ方法を採用するようになる。変革は単純な布教の法則に従って起こるのだ。

――尊徳は尋ねられると、よくこう答えた。

「一村を救える方法は国全体を救える。原理は同じだ」

「一つの仕事に専念しようではないか。時がくれば、その一例が国全体を救うのに役立つだろう」

これは日光地方の廃村復興計画を準備しているときに、尊徳が弟子たちに語ったことばだ。

――尊徳は自分が宇宙の普遍の法を備えていることを意識していたので、どんな仕事も試みるうえで困難なものはなかった。また簡単な仕事などなく、尊徳は全霊を捧げる必要があった。

――尊徳は終生、骨身を惜しまず仕事をこなした。遠い将来のための計画や仕事もやっていたから、尊徳の仕事や影響はいまもわれわれのそばで生きつづけている。尊徳が再建した村の晴れ晴れとした姿は、尊徳の知性と計画の永続性を証明している。その一方で、国内のいたるところに、尊徳の名と教えのもとに結束した農民の団体ができ、希望をなくしていた労働者に尊徳が示した精神を伝えつづけている。

原文では、内村鑑三さんは二宮金次郎（尊徳）を呼ぶのにも、その文章の伝えるメッセージをよく見抜き、それに合わせて呼称を変えている。

たとえば、「有能な領民」「この人間」「この農民道徳家」「わが農民指導者」「わが指導者」「先生」「指導者」「この人物」「わが農民聖者」「わが聖者」「尊敬する師」「わが道徳の医師」「その医師」「わが先生」と使い分けているが、これらはすべて二宮金次郎のことである。

ただこの本では、読者のみなさんの便を考慮して「尊徳」に置き換えたことをお断りしておきたい。

6 わたしなりの二宮金次郎の補足

二宮金次郎は「期待する地域の指導者」

内村鑑三さんは札幌農学校で学んだだけに、さすがに農業に対しては一家言《いっかげん》を持っている。西郷隆盛の章では、「明治維新の成功のかなりの部分を西郷隆盛ひとりが成し遂げたように受け取れるが、はたしてそうだろうか」という疑問をお持ちになった方もおられるだろう。

特に、明治維新に関するおびただしい資料が出ているいま、維新は決して西郷隆盛ひとりで成し遂げられたわけではなく、多くの人びとの努力の結晶であり、同時に、「民衆のパワー」が大きな役割を果たしたことはすでに常識化している。

しかしそうは言うものの、当時の幕末の志士と言われた人びとの中で、西郷のように「敬天愛人《けいてんあいじん》」の思想をしっかりと持ち、それを実現するために政治活動をした人物はほかには見当たらない。その意味で言えば、精神主義を重んずる内村さんが見たときに消去法で消していけば、「敬天愛人を貫いた西郷隆盛ほど立派な人物はいなかった」と言えるだろう。

それに対し、この二宮金次郎（尊徳）の章は、さすがに細かいところまで行き届き、現在でもそのまま感動を受けとめることができる。札幌農学校は、「新しい農業技術を体得すると同時に、地域の指導者になれるような精神の修養も同時に行う」ことが目的だったから、農民思想家である二宮金次郎の存在は、まさしく内村さんが「期待する地域の指導者」であったにちがいない。それに金次郎の思想の掘り下げもかなり深い。

シンプルなものではなく、いろいろな先人の考え方を融合して自分のものにしている。いわば「二宮哲学」と言っていいような農本《のうほん》思想だ。

金次郎の愛読書は『大学』

この『代表的日本人』に書かれた二宮金次郎の理解をより深めるために、わたしはわたしなりに少し勉強をしてみた。二宮金次郎関係でいま読むことのできる参考書はおびただしい数にのぼるが、わたしはつぎの数冊を選んだ。

富田高慶『報徳記《ほうとくき》』（岩波文庫）
福住正兄『二宮翁夜話《おうやわ》』（岩波文庫）

佐々井信太郎『二宮尊徳伝』（日本評論社）
児玉幸多編『二宮尊徳』（日本の名著26、中央公論社）
二宮英彰『現代に生きる二宮尊徳』（中村竜夫共著、潮流社）
などである。『報徳記』と『二宮翁夜話』は二宮金次郎研究にとって、基本的な名著であって欠くことができない。
これらを土台にしながら、著者なりの「二宮金次郎観」を加えて解説したのが『二宮尊徳伝』と『二宮尊徳』である。後者では、『報徳記』と『二宮翁夜話』の口語体化で一般化を図ると同時に、「三才報徳金毛録」と「仕法関係諸篇」と「書簡日記 補注 年譜」の口語訳を加えてある。
読者はすでにお気づきになっただろうが、わたしは極力「二宮金次郎」という呼び方をして、容易に「尊徳」とは言わない。これにはわけがある。というのは二宮金次郎は偉大な思想家であって、単なる農業技術者ではないし、また単なる財政再建者でもない。その根底には、金次郎自身が深く彫り込んだ思想の層がある。わたしは未熟で、その層に深入りができない。掘りつづけている最中だ。
したがって、わたしが生きていくうえで学び取った多くのことは、金次郎時代のものであって、尊徳先生になってからのものではない。おそらく生を終わるまで、わたしは二宮金次郎さんとのおつきあいはできるが、尊徳先生にまではとうていおよばないと思う。その意味もあって、あえて金次郎という呼び方をさせてもらっているのだ。

だからわたしが、現在生きるうえで金次郎の教えの中から活用しているのは、あくまでも奥深い思想ではない。わかりやすい考え方であり、ものの処理の仕方だ。

前に書いたように、この二宮金次郎の章については、内村さんがほとんど完璧な構成と表現をとっておられるので、個別の補足はしない。ただここに書かれていないほかの金次郎関係の本から得た知識をご披露しておく。

戦前、日本各地の小学校の庭に建っていた二宮金次郎の銅像は、少年の金次郎が薪を背負って本を読みながら歩いている。あの本は『大学』だ。もちろん孔子の教えである。この『大学』で説く最大のものは、「譲る」という徳だ。それを金次郎は自分なりに組み立て直して、「報徳仕法」を提唱した。

報徳仕法の三本柱は、

一、分度《ぶんど》

二、勤労

三、推譲《すいじょう》

である。つまり、

――収入にあわせた生活設計を立てる。

――一所懸命働く。

――働いて得た利益のうち分度を超えるものはほかに差し出す。

という考えだ。

これを行えば、差し出された側は必ず、「恩を感じて、その徳に報いようという気持ちを持つ」ということである。

この「推譲」のもとになった「譲る」という考えは、上杉鷹山《うえすぎようざん》の師であった細井《ほそい》平洲《へいしゅう》の説くところでもあった。鷹山に請《こ》われて平洲が米沢《よねざわ》藩の藩校に興譲館《こうじょうかん》という学校名をつけたのも『大学』に拠《よ》っている。

荒地にも「徳」がある

譲るというのは、単に我慢するということではない。むしろ積極的に差し出すという意味を持っている。それには差し出せるだけのものを得るための努力が必要だ。金次郎はそれを勤労と言った。

しかしこの勤労も、ただ闇雲《やみくも》に働けばよいということではない。金次郎は勤労の底を流れる考え方に、「天の理と人間の理」の二つを設定した。「天の理」というのは、「自然のままに」ということである。が、人間の理というのは、「人間が独自に生み出した論理」のことだ。

その例にあげられるのが、有名な〝水車の論理〟だ。金次郎に言わせれば、

――水車は、一つは天の理によって回転する。すなわち〝水は高いところから低いところへ流れる〟というのが天の理だ。

――しかし、もしこの天の理だけに水車が自らの身を任せていたら、下流に流れ去ってしまうはずだ。ところが水車は流れない。

――それは水車に〝人間の理〟が加えられているからである。

――水車は全身を水中に没することなく、半分を空中に抜け出している。そのため天の理によって加えられた水圧の回転力は、そのまま空中に上がった水車にも作用する。

――水車が全身を水中にゆだねずに、途中から半身を空中に上げるのは人間の理だ。

――そして、この天の理と人間の理の共同作用によって水車は回転し、穀物や豆を砕いたり粉にしたりする。

また、「稲と雑草」の例をあげる。

――田に植えられた稲はすくすくと育つ。しかし一緒に雑草も育つ。

――天は稲と雑草を区別しない。つまり両方の生命を大事にする。だから雑草も

育つ。

——しかし人間は、雑草が稲の必要とする滋養分を横取りするのは歓迎しない。

——そこで農民(人間)は雑草を引き抜いてしまう。これは雑草の生命を奪うということだ。

——したがって稲も雑草も、共にその生命を区別しない天から見れば、雑草を引き抜く人間の行為は明らかに天の理に反している。

——二宮金次郎は「このように人間の理はときに天の理に反したり、超えたりすることがある。しかしそれを貫かなければならない」と説く。

非常にわかりやすい論理だ。なにかにつけてためらいがちな人間にとって、金次郎のこの考え方は勇気と励ましを与えてくれる。

もう一つ、わたしが金次郎から学んで日常生活に生かしている考えに、「荒地の徳」というものがある。

金次郎はつぎのように説く。

——農民が鍬を振るって土を耕すのは、土が持っている徳を掘り起こしているのだ。

——しかし、土の持つ徳を掘り起こすためには、人間も自分の持っている徳を鍬を通じて土に伝えなければならない。

——それが土に伝えられたとき、土も報徳の気持ちを持って人間が蒔いた種を立派な農作物に育てる。

——したがって農耕行為というのは、人間の持つ徳と土の持っている徳とがめぐり合って、農作物を実らせるということだ。

そして金次郎はさらに、「荒地にも徳がある」と告げる。

——荒地にも徳がある。しかし人間は荒地を見るとすぐに不毛の土地だとか、こんなところを耕しても時間と労力の無駄だ、と言って見捨ててしまう。間違いだ。

——荒地にも徳がある。荒地の徳はとんでもない見当違いのところにあったり、あるいは相当深いところに存在したりする。だからこそ荒地なのだ。

——であれば、人間はその深いところや、方角違いのところを掘り起こして、荒地の持っている徳を探さなければならない。それには相当な根気と時間と、なによりも荒地に対する愛情が必要だ。

——この荒地に対する愛情が、すなわち徳なのである。

——荒地も農民の根気強い愛情を感じれば、必ずその徳に報いようとする気持ちを持つ。したがって荒地だからといって見捨てるのは間違いだ。

納得するまで時間をかけ、愛情を込めて説得する

わたしはこの考え方を、「人間関係」に応用している。たとえば、家庭や職場や学校などにおいても、「聞き分けのよい子（部下）とそうでない子（部下）」がいる。聞き分けのよい子は、たとえてみれば「ふつうの土地」だ。聞き分けの悪い子（職場にあってはトラブルメーカー）は「荒地」なのである。

親にすれば、複数の子どもがいて、聞き分けのよい子と聞き分けの悪い子がいるとすれば、どうしても聞き分けのよい子をかわいがり、聞き分けの悪い子を叱《しか》ったりきびしくしつけたりする。しまいには、「おまえはいくら言ってもわからない子だね」と見放してしまうこともある。

これは間違いだ。聞き分けの悪い子は「荒地」だと考えれば、「納得するまで時間をかけ、根気強く愛情を込めて説得しなければならない」。それが親の行うべきことだろう。それを途中で放擲《ほうてき》するのは、すなわち「その親は自分の子に対して愛情を持っていない」ということになる。これは職場におけるリーダーシップにも応用できるし、学校で教師が生徒に対する場合にも活用できる。

二宮金次郎にはいろいろなエピソードがあるが、「物を大切にする」というのもその一つだ。あるとき金次郎が旅をしていると、農家の庭先で一人のおばあさんが

破れた草鞋をしきりに拝《おが》んでいた。理由を聞くと、おばあさんはこう言った。

——この草鞋のもとは藁《わら》だった。藁はお米の茎《くき》だ。お米の苗は育って、まず私たちを養ってくれた。

——そのとき余計物になった藁は、筵や草鞋になってわれわれの暮らしを助けてくれた。

——しかし草鞋も長年履かれたのでこんなにぼろぼろになってしまった。もう役には立たない。

——私はいま、長年お世話になったお米からこの草鞋になるまでの藁の一生に対し、心からお礼を言っているのだ。

そう告げた。金次郎は感動した。しかし老婆の言うのはそれだけではなかった。

——この草鞋は私が拝んだあと土の中に埋める。そうすると草鞋はまた土を豊かにする肥料になってくれる。

金次郎の感動はさらに倍加した。金次郎が倹約の達人であったのは、こういう考え方に基づいている。だから金次郎は、「ケチと倹約とは違う」と言っている。両方ともまず節約する。しかしその後の使い方によって分かれるのだ。

——ケチは余らせたものを自分のためにしか使わない。

——しかし倹約は他人ために使う、世の中のために使う。

こういう差があるということだ。

戦前の二宮金次郎を、「軍国少年の鑑《かがみ》」と言って大いに〝少国民〟を煽《あお》り立てた軍部も間違いだが、しかしだからと言って戦争が終わったらすぐ、「二宮金次郎は各小学校から子どもたちを戦場に送り出した元凶だ」と言って、その銅像をつぎつぎと校庭から追放した先生方も短絡的すぎる。金次郎は決してそんな人間ではない。内村鑑三さんの『代表的日本人』における金次郎は、前にも書いたように、文中でいろいろな呼称を与えられているが、それだけ多面的な性格を持っていたということである。二宮金次郎は、「三百六十度全方位的に現代人に向き合える活力を持った存在」だと言ってよい。

第五章

内村鑑三さんの描いた中江藤樹

1 古い日本の教育

内村鑑三さんはいまで言うとグローバルな考えを持っていたので、外国にもよくいった。外国にいくと、必ず西洋人から尋ねられたことがあるという。それは、相手が内村さんの賢明さに驚いて、「われわれが日本にいって諸君の救済教育を行うまで、いったいどのような学校教育を受けてこられたのか」ということだ。日本にはすぐれた学校教育があった。また、家庭の躾《しつけ》もよかった。そのため内村さんは、

「キリスト教で言う〝十戒《じっかい》〟のうち〝八戒〟は、子どものときから家庭でしつけられた」

と答えたのだ。

つまり親から、

――力は正義ではない。

――世界は利己主義のうえには成立しない。

――盗みはどんな形であっても悪である。

――結局のところ、命と財産は私たちの最終目標ではない。
などを知らされた。

この躾や教育は、いまの学校教育とはずいぶん違う。昔は教育の目的を、「真の人間になるため」として、英語で言う「ジェントルマン」をめざしていた。そして教師も二、三年であらゆる種類の知識を詰め込むべきではないと考えていた。

これが昔の教育制度の長所の一つだ。歴史、詩歌、礼儀作法は相当教えられたが、主は「道徳」であった。教師も学生や生徒を一個の人間として扱い、肉体的、精神的、霊的な特質をトータルに把握していた。だから教師は必ず相手の名を覚えていた。

いまの〝適者生存の原理〟に基づいた教育制度は、ジェントルマンを育てるにはふさわしくないと思われる。この点について、昔の先生方の教育理論はソクラテスやプラトンと一致していた。

当然、先生と生徒の関係もこのうえなく親密であり、教師が行うのは道徳の実践だった。また、日本の学校には、ほかの国でよく見られるような宗教上の教派の争いはなかった。われわれは教師を「センセイ」と呼んだ。センセイと両親と主君は、わたしたちの敬意の対象として〝三位一体《さんみいったい》〟であった。

もちろん、あらゆる面で古いものが新しいものより優れていると言い張るつもりはない。ただ古いものがすべて悪いわけではないと言いたいのだ。そこでさらに、この「頑固さ」「受容力のなさ」「拝外主義」を擁護することになるだろうが、理想的な学校教師（センセイ）の一人として敬意を集めている人物の生涯を紹介することにする――。

と前置きして、中江藤樹《なかえとうじゅ》の生涯に入っていく。

冒頭に書いた日本の青少年教育を気づかっている西洋の友人に、古い日本の教育のよさについて一、二の手がかりを提供できれば幸いだと記してある。

2 若き日々と意識のめざめ

――慶長《けいちょう》十三年（一六〇八）、琵琶《びわ》湖西岸の近江《おうみ》の国に、日本が輩出したもっとも高徳で先進的な思想家の一人が誕生した（注＝正確には滋賀県全体を近江国というので、ここに書かれているように必ずしも琵琶湖の西岸だけを指すわけではない）。これが中江藤樹である。

――藤樹は幼いころから同年輩の子どもの中に交じっても、ちょっと変わっていた。ふつうの子どもの遊びはしない。よく本を読んでいた。十一歳のときには、すでに孔子《こうし》の『大学』によって、その後の生涯を決定するほどの大志を抱くようになっていた。

藤樹が衝撃を受けたのは、つぎの一文だ。

「天子から庶民にいたるまで、人の第一の目的とすべきは生活を正すことにある」

藤樹はこれを読んで、

「このような本を与えてくださった天に感謝します」

「人間が聖人になろうとしてなれないことは絶対にない。自分は聖人になろう」

かれの大志は「聖人をめざすこと」となった。中江藤樹はのちに〝近江聖人〟と呼ばれる。

——藤樹の生家は農民で父母は農耕に従事していた。祖父が武士で、昔は美濃《みの》の国（現在の岐阜県南部）黒野《くろの》藩に領地を持つ加藤家だった。加藤家はいまは伯耆《ほうき》の国（現在の鳥取県）米子《よなご》に領地を構えていた。あるとき祖父がやってきて、藤樹を養子にもらい受けたいと言った。男の子は一人なので父母は渋ったが、強引な祖父の懇《こん》請《せい》に負けて、少年藤樹は米子に連れられていった。しかし加藤家はまもなく伊予《いよ》の国（現在の愛媛県）大洲《おおず》に領地替えになった。祖父は地方の代官になった。この時代に藤樹が刀を抜いて悪漢を追い払ったというエピソードが残っている。藤樹は十三歳だった。

——同じころ、藤樹は漢詩と書道を指導する天梁《てんりょう》という僧のもとで修行した。藤樹は天梁にこんなことを聞いた。

「仏陀《ぶっだ》は生まれたとき、片方の手で天を示し、もう一方で地を指差して、『天上天下唯我独尊《てんじょうてんげゆいがどくそん》』と言われたと先生はおっしゃいました。仏陀も天の下にいる人間の産み出したものではないのですか。なぜ私の尊敬する先生がそんな人物を理想にできるのですか」

こういう疑いを持つくらいだから、藤樹は後年も決して仏教を好きにはならなかった。しかしこれは藤樹の傲慢《ごうまん》さではない。藤樹自身は人間は謙譲《けんじょう》に徹することが大事だと思っていたから、仏陀のこういう姿勢は藤樹のめざすものとははるかに違っていたのである。

——十七歳のとき、藤樹は孔子の「四書」を揃いで手に入れた。夢中で読みふけった。この時代はまだ戦国時代の余風が残っていたので、武士が勉学に夢中になることは軽蔑《けいべつ》された。そのため城の武士の一人が藤樹のことを、「孔子さん」と呼んだ。藤樹は真っ赤になって怒って、その後永く怒りを鎮めなかったという。

——二十二歳のころには藤樹はすでに祖父を失い、さらに父も失った。そうなると気にかかるのは近江に残した母親である。

藤樹はそのころ、藩主に命ぜられて城の武士に学問を教えていた。藤樹がテーマとしたのは、主として「孝」である。藤樹は悩む。つまり、「人に孝を教えながら、自分は親不孝の道を歩いているのは何事か」ということである。

3 母親崇拝

――藤樹は、自分が孝を実行するために母親に連絡し、「大洲にきて一緒に暮らしてください」と頼んだ。しかし母親は長年住みなれた土地を離れるのがイヤなので拒否した。やむをえず藤樹は、「それでは自分が近江に戻って母親の世話をしよう」と思い立った。藩を脱走する。全財産は大洲に残したままだった。

――母のもとに帰って、藤樹の心は安らかになる。が、生活は貧しい。そこでかれは持っていた刀などを売って多少の金をつくり、これで酒を仕入れて近所の人びとに売った。また、金貸しもやったという。

しかし子どものときに立てた志《こころざし》である、「聖人になろう」という目的は微塵《みじん》も揺らいでいなかった。かれはそのための勉学を続けた。

4 近江聖人

――二十八歳のとき、藤樹は村に塾を開いた。自宅を校舎にした。学科目は中国の古典・歴史・作詩・書道である。

――塾における教育効果は少しずつ地域に浸透していたものの、これは天使は羨《うらや》むけれど、目立ちたがりの世の人間には軽蔑される仕事だった。

――藤樹は辺鄙《へんぴ》なところにとどまり、生涯の最後のときまで安らかな喜びに満ちた穏やかな日々を過ごした。単に学問を教えるだけでなく、すぐに村の中に溶け込み、村人たちのためにいろいろと汗を流した。つまり〝積善《せきぜん》〟である。

これについて、かれはつぎのように語っている。

「すべての人間は悪評を嫌い、名声を愛する。小さな善行を積まなければ名声は得られないが、小人はそのことに考えがおよばない。一方、君子は日々自分にもたらされる小さな善行を見過ごしはしない。大きな善行も彼のもとに訪れれば行う。ただし自分からは求めない。大善はほとんどなく、小善は多い。大善は名声をもたらし、小善は徳をもたらす。世の中は大善を求めがちである。というのも世の中が名声を愛するからである。しかしながら、いくら大きな善行であっても名声のためだけに行えば、それは小さなものになってしまう。君子とは多くの小善から徳をつくりだす人である。もちろん徳にまさる行いはない。徳はすべての大善の源である」

こう言うように、藤樹は「学んだことは必ず実行する」という信念を持っていたから、弟子に教えるときも「徳と人格」を重んじ、「学問と知識」を軽んじた。

——突然、藤樹の教育の成果が現れる事件が起こった。それは岡山からやってきた一人の青年武士が媒体になった。この青年が熊沢蕃山《くまざわばんざん》である。内村鑑三さんは熊沢蕃山が岡山を旅立ったときの動機を、「かつて東方の三博士がユダヤの王を探し求めたのと同じだった」と書いている。キリストの誕生を予知してかけつける博士たちが、一路その地に急ぐのになぞらえたのである。

——青年、熊沢蕃山が目標にしたのは、「近江にいけば聖人に出会えるかもしれない」という期待であった。宿に泊まった。同宿者が二人いて、一人はサムライだった。サムライがこんな話をした。

——主君の命《めい》で自分は数百両の金を託され帰る途中だった。

——途中で馬に乗った。馬の鞍《くら》に金を括《くく》りつけた。

——宿に着いてハッとした。馬に括りつけた金を忘れてしまったのだ。馬子《まご》の名は知らない。どこに住んでいるのかも知らない。私は真っ青になった。弁明の余地はなく、この不始末は切腹以外にない。私は遺書を書いた。

――この救いようのない状況に陥っていたとき、宿の主人が、私に面会を求める馬子がきていると知らせてくれた。あるいは、と思って走るように階段を下りて土間に出ると、そこにさっきの馬子が立っていた。そして、私の忘れた金を差し出した。

――私はうれしさのあまり、「あなたは私の命の恩人だ。お礼にこの金の四分の一を差し上げる。どうか受け取ってほしい」と言ったが、馬子は聞き入れない。馬子の論理は、もともとそれはあなたのお金なのだから持ち主に返しにきた、なにもお礼をもらう必要はない、というものだ。

――最後にはわずかな金を手間賃として受け取ったが、私は疑問に思った。「おまえさんは、どうしてそれほど無欲で正直なのか」と聞いた。馬子は答えた。「私のところの小川村に中江藤樹先生という人が住んでいて、私どもに『無欲・正直・誠実で生きよ』と教えてくださっているからです。私ども村人一同は、先生の教えに従って生きているだけです」

この話を聞いていた岡山の青年は、はたと膝《ひざ》を打って叫んだ。

「その人こそ、自分が探し求めていた聖人だ。明日は早速訪ねて、使用人なり門人なりにしてもらおう」

と心を決めた。

――青年は翌日、中江藤樹のもとを訪れ、弟子にしてほしいと歎願した。しかし藤樹は断った。自分は一介の村の教師である。遠い地方からやってこられた立派な人物から教えを請《こ》われるような人間ではない。「どうかお引き取りください」。どのように頼んでも、藤樹は言《げん》を曲げなかった。

――そのとき、藤樹の母親が出てきて青年に同情し、家の中に入れるように戒《いまし》めた。藤樹は親孝行だから、母の言い付けに従い、青年は藤樹の弟子になることができた。

――この青年（熊沢蕃山）はのちに強大な岡山藩の財務・行政を任されることになる。後世に影響を与える数多くの改革を行った。

この出会いを内村さんは、「夜の暗闇を好む宝石に光が当たったのも神の摂理《せつり》なのだ！」と書いている。そしてつぎの項で、「岡山藩主池田光政《いけだみつまさ》の訪問があった」と書いているが、そのような事実はない。池田光政は大変に学問好きな大名で、熊沢蕃山を登用したのもそのためだ。しかし中江藤樹が死んだときに蕃山に弔慰《ちょうい》を託したことはあるが、本人が直接この村を訪ねてきたことはない。

そのあとに、内村さんは藤樹の妻になった女性について触れている。あまり美しくなかったので、母親が離縁するように告げた。いままではなんでも母の言うことを聞いてきた藤樹だったが、このことだけは藤樹は拒否した。こう言った。
――たとえ母上様のことばであっても、天の法に沿わないものには従えません。
キリスト教徒である内村さんは全面的に藤樹の行動に賛意を示している。

5 内省の人

内村鑑三さんは、「中江藤樹は外見は貧しかったが、内面は実に豊かで多様さに満ちていた」と書いている。また、「藤樹の胸の中に大きな王国があり、その国ではかれが完全な君主であった。藤樹の外面の落ち着きは内面の充足感の自然な現れだった」と説く。

「最近、中江藤樹の著述が膨大な全集として刊行されたが、その全集は生活描写、村人たちの回想、中国古典の評論、講義集、随筆、問答集、書簡類、雑記、雑談、和漢の詩歌などで構成されている。私たちにできるのは読者にこの人物の内側にあるものを紹介することだけだ」と謙虚に書いておられる。

中江藤樹の学問的経歴は、はっきりと二段階に分類できる。第一段階は保守的な朱子学《しゅしがく》によって育まれた時代であり、第二段階は進歩的な中国人、王陽明《おうようめい》の著作に出合うことによって新しい希望を抱いたとされる。それは王陽明が孔子の内にあった先進性を発展させ、自分たちの見方で正しく孔子を理解できていると思いがちな人びとに新たな希望を吹き込んだからである。王陽明は中江藤樹に新しい目を与えた。陽明主義と言っていいような藤樹の歌がいくつかある。

――暗くともたゞ一向にすゝみ行け
　心の月のはれやせんもし
――志つよく引立《ひきたて》むかふべし
　石に立つ矢のためし聞くにも
――上もなくまた外もなき道のために
　身をすつるこそ身を思ふなれ

こういう藤樹に対し、内村さんはキリスト教の聖書と比べながら、藤樹の著述について語る。そして藤樹が論理体系の中でもっとも重んじたのは、「謙譲の徳である」とされる。内村さんは謙譲とは「虚」であり、心が虚であれば善悪の判断はおのずと生じると説く。そして藤樹が虚ということばの意味をつぎのように解釈していたと述べる。

――古《いにしえ》より真実を求めるものはこのことばでつまずく。精神的であることは虚であり、虚であることが精神的だからである。

――徳を保つことを目的とするなら日々善を為すことである。善行を一つ為せば悪行が一つ消える。日々善を為せば日々悪が消える。

――心の虚というのは利己主義から脱却することである。脱却できない人は牢の中にいるようなものだ。牢の中の四方の壁には、名誉、利益、高慢、欲望などの執着《しゅうちゃく》が満ち満ちていて、つながれた人間はいつまでも自分の境遇を嘆いている。

ここで内村さんは、藤樹の信仰心について語る。藤樹が無神論者でなかったことは、この国の神々に示していた深い敬意からも明らかだ。ただし藤樹の信仰は、さまざまな「願掛け」とはまったくかけ離れたものだった。かれが願ったのは正しくありたいということ、それだけだった。

だからと言って藤樹は決して不幸であったわけではない。満ち足りた生活を送っていた。

――慶安元年（一六四八）の秋、満四十歳になった藤樹は、その人生にふさわしい臨終《りんじゅう》の時を迎えた。かれは門弟を呼び集めて、「私は逝《ゆ》くが、私の道がこの国から失われぬように見ておいてくれ」と言って世を去った。

数年後、かれの住まいだった家は村人たちによって補修され、今日まで保存されている。中江藤樹の名を冠した神様も祀《まつ》られ、かれを偲《しの》んで年に二回の祭りも行われている。藤樹の墓を尋ねると、村人が案内をしてくれる。村人は必ずと言ってよいほど儀式用の装束《しようぞく》を肩からまとっている。

村人たちに、なぜ三百年も前に生きていた人物にこれほど敬意を表するのかと尋ねてみてもらいたい。かれらはつぎのように答えるはずだ。

「この村でも近在の村でも、父親は息子にやさしくし、息子は父親に孝行し、兄弟は互いに慈《いつく》しんでいます。家では怒声が飛び交うこともなく、みなが柔和《にゆうわ》な面持《おもも》ちで暮らしています。これもすべて藤樹先生の教えとその後の影響のおかげです。私たちはみな、先生の名前を感謝の気持ちを込めて崇敬《すうけい》しています」

内村さんは、「いまの私たちは太鼓を叩いたりラッパを吹き鳴らしたり新聞広告を打ったりして他人に影響をおよぼそうとするが、真の影響力とはなんであるのか、この人物から学ぶべきだ」とピシッと警告を発しておられる。そして、「バラの花が自分の香りを知らないように、藤樹は自分の影響力を意識していなかった」と結んでおられる。

藤樹自身、「真の聖賢は自己宣伝をしないから決して世に現れない。したがって世の中に名前の知れわたった者など聖人の数に加える必要はない」と語っている。

6 わたしなりの中江藤樹の補足

中江藤樹の正しいイメージを伝える

内村鑑三さんはすぐれた大教育者であったために、やはり中江藤樹の項において自身の教育に対する考え方がはっきり出ている。つまり、「教育とはなにか、そして教育者とはどうあるべきか」という課題が真っ向から提起されている。冒頭の、「外国人から聞かれた日本人の教育状況は?」という出だしは、まさに中江藤樹を紹介するためのサワリだが、本文以上の重みを持っている。

わたしのライフワークは、『代表的日本人』に書かれた五人の人物を、小説化することだ」ということは前に書いた。中江藤樹もその一人だった。そのため藤樹に関わりのある地域は丹念に歩いた。その結果、いまの人びとが中江藤樹に持っているイメージやことばの使い方で、明らかに訂正しておいたほうがいいと思われることを書いておく。

――中江藤樹は自分のことを〝藤樹〟と呼んだことはない。

——現在〝藤樹書院〟として保存されているかれの私塾の庭に、大きな藤の木があった。これを見て、通ってくる門人がいつのまにか中江のことを〝藤樹先生〟と呼ぶようになった。そしてこれが一般化した。

——このことは弟子の熊沢蕃山についても同じだ。蕃山自身、自分から〝蕃山〟と号したことはない。かれは、この文中にも現れるように、備前《びぜん》の国（現在の岡山県）岡山藩主だった名君、池田光政の信頼する家臣だった。藩政改革を積極的に行った。しかしかれの足を引っ張る者がいて、蕃山は一時期領内の〝蕃山村《しげやまむら》〟に隠棲《いんせい》した。そのために周りの人びとがかれのことを〝蕃山先生〟と呼ぶようになったのである。

——中江藤樹が死んだあと、蕃山の主人である池田光政がたくさんの家臣を連れ、行列を整えて藤樹の住む地域に弔問《ちょうもん》にやってきたという記述がある。前にも書いたが、この事実はない。しかし蕃山の口から中江藤樹の存在を池田光政もよく聞いていたので、藤樹が死んだとき、「私の代わりに弔問せよ」と言われ、蕃山が主人の代わりに弔問した事実は残っている。

——多くの大名が藤樹を招いたと書かれているが、そういうことはない。藤樹のほうもこれを辞退している。藤樹が住む小川村は大溝《おおみぞ》藩分部《わけべ》家の領内にあった。中江藤樹とこの地元の領主との関係については、あまりくわしく伝えられてこなかったが、平成十八年（二〇〇六）、『中江藤樹と大溝藩』という小冊子が地元で発行された。著者は長年、藤樹について研究を重ねてこられた松下亀太郎さんだ。

――中江藤樹と言えば、滋賀県安曇川《あどがわ》という地域との結びつきがよく知られてきたが、この安曇川町も平成十七年（二〇〇五）一月一日付で付近の町と合併し、「高島市」になった。

林羅山とのすさまじい確執

――中江藤樹は日本では「陽明学の祖」と言われる。たしかに中江藤樹は最初、朱子学を学び、やがて陽明学にも深い関心を持つようになったが、かれは朱子学を批判したことは一度もない。藤樹が最後にたどり着いた学問は、「藤樹教あるいは藤樹学」と言ってよいだろう。朱子学、陽明学などの儒学のほかに、神学や道教の影響もかなりあるような気がする。そのため、ほかに例のない、独特な「藤樹学」「藤樹教」と名づけたほうがよいようで、一般には「心学」と言われた。

――藤樹が武士になったのは、祖父の願いによる。祖父は当初、黒野藩主だった加藤氏に仕え、鎖鎌《くさりがま》だかの達人だったという。あまり学問にはくわしくない。また、字もそれほど書けなかったようだ。

――藤樹が九歳になったときに、祖父が小川村にやってきて、藤樹の父母に強く懇願し、自分の養子にした。藤樹の父は平和愛好者で農業に専念していたので、祖父としては息子（藤樹の父）に物足りなさを感じたのだろう。藤樹の家ではほかに男の子がいなかったので、はじめ父母は断ったが、祖父の熱意に負けてついに承知した。藤樹は最初この祖父に伴われて、加藤家の領地であった米子にいった。

——翌年、藩主の加藤氏が大洲に転勤したので、藩主に従い、祖父と藤樹も大洲に移った。

——祖父は転勤と同時に飛び地である風早《かざはや》（愛媛県北条市）の代官を命ぜられた。藤樹も祖父について風早にいった。文中にもある〝賊と戦った〟というのは、このころの事件のことである。同時に藤樹は『大学』を読んで感動し、志を立てた。

——藤樹は朱子学を批判したことはないと書いたが、朱子学を徳川幕府の国学的な位置づけに押し上げ、日本の武士の心構えとして導入したのは林《はやし》羅山《らざん》である。この羅山が頭を剃《そ》り、医者と同じような格好をして幕府の厚遇を受けたので、これを聞いた藤樹は批判した。「林氏剃髪受位弁」は有名である。当然、これは林羅山の目にも触れたことだろう。羅山は藤樹に快《こころよ》からぬ感情を持ち、「藤樹の説は異論である」と言った。

——藤樹の信奉した陽明学は、寛政《かんせい》年間（一七八九～一八〇一年）に〝異学〟と位置づけられた。これは寛政の改革における文教政策によるもので、幕府は朱子学を正学とし陽明学を異学と位置づけた。そのため〝異学の禁〟が起こった。その遠因は、強《し》いて言えば幕初における中江藤樹と林羅山との争いにあったと見てもよい。

いまも生きつづける藤樹の精神

ＪＲ京都駅から湖西《こせい》線に乗って安曇川駅で降りると、駅前で大きな藤樹像が出迎える。どっかと坐ってにこやかに私たちを迎える藤樹の表情は奥行きが深い。藤樹神社に詣《もう》で、藤樹書院を見学する。

驚いたことがある。藤樹書院の前は溝になっている。いわば下水だ。ところがこの水の中にたくさんの錦鯉《にしきごい》が美しく泳いでいる。しかも溝の中には地域の人びとによって、それぞれ趣向を凝《こ》らした木の台がしつらえられ、その上に盆栽が載っていた。

通りすがりの人に聞くと、

「藤樹先生の精神を生かして、町をきれいにしようという私たちの気持ちの現れですよ」

と説明してくれた。盆栽は時折取り換えるのだという。

もう一つおもしろい話を聞いた。それは、この町に進出してきたオートバイ会社の話である。あるエンジン関係の会社が、中江藤樹の遺跡を多く遺《のこ》すこの地域に支店を設けた。住民たちは喜ばなかった。エンジンが騒音を立てるため、一種の公害と見られたからである。

その住民感情を支店長が敏感に察知した。しかしかれにすれば、やはりいったん設けた支店をそのまま撤収するわけにはいかない。支店長は、「なんとかしてこの地域に溶け込みたい」と考えた。そして、「この地域の特性はなんだろうか」と探った。結果、前に書いた藤樹書院の前を流れる溝の中の錦鯉の群れや、あるいは市民たちが交代でその溝の中にしつらえる台の上の盆栽を見た。

支店長の胸にひらめいたものがあった。(これだ!)と思った。これだというのは、「中江藤樹先生の精神をわれわれも大切に生かそう」ということである。藤樹書院の前を流れる溝に示されているのは、「きれいな町づくり」の精神だ。支店長は支店員に頼んだ。

「われわれはこの地域に溶け込みたい。それには、やはり地域の人びとの感情をよくすることが大切だ。この地域に伝わっているのは中江藤樹先生の精神で、それは町をきれいにするという伝統だ。これに従おう。そのために、われわれは一時間ばかり早く出勤して、近辺の掃除をしたいと思う」

支店に勤める人たちも、住民感情が悪化していることは知っていた。そこで支店長のことばに従った。黙々と近辺を掃除する支店員の姿を、住民たちはしばしば目にした。やがてそんな支店員の姿を見ながらささやきだした。

「あの支店の人たちは感心ね」

「藤樹先生のお気持ちを自分たちのものにしている」

無言の奉仕が住民たちの気持ちを少しずつやわらげていった。

この地域には高校生もたくさんいた。高校生の通う学校は遠い。そのためにかれらはつねに「軽エンジンのオートバイ（原付き）がほしい」と思っていた。軽エンジンのオートバイはその支店で扱っている。店にも展示されていた。

高校生たちはしばしば展示品を眺めては、互いに（ほしいなあ）と語り合ってきた。そこで親にせがんだ。親も以前だったら、「絶対に駄目よ。あんな店では買わせません」と言ったことだろう。しかし無言の清掃行為がものをいって、親も承知した。支店に軽エンジンのオートバイ購入の申し込みが増え、それが口コミで伝わって、ほかの地域からも買いにくる客が増えた。支店長の、「藤樹精神をいまに生かす」という方針が成功したのである。

この話はわたしが実際に体験したことで、実を言えば、そのエンジン会社の社長をよく知っている。社長は、「商売はソロバンだけではだめだ。心が大切だ」と言って滋賀県から出た〝近江聖人〟を尊敬していた。その説もかなり研究している。この支店長の精神はそのまま社長の考え方でもあった。

この会社では、「その年、お客様に対して行った善行」を表彰している。わたしも何回か立ち会った。研修にもいった。『小説 中江藤樹』を書いたからだろう、高島市に合併された旧安曇川町にも町長の招きで何度も話をしにいった。

また、前滋賀県知事も藤樹の教えを尊び、県政や予算査定のときに藤樹の考え方を示して、これを基準にしていた。わたしには「滋賀県文化賞」を与え、また「近江歴史回廊大学」の学長も命ぜられている。織田信長《おだのぶなが》、蒲生氏郷《がもううじさと》、近江商人、石田《いしだ》三成《みつなり》など滋賀県に関わりのある人物を小説に書いたためだ。

藤樹の教えが、市民たちの〝美しい町をつくろう〟という運動や、ここにあげたエンジン会社の支店の努力などにいまだに生きていることを思うと、泉下《せんか》の藤樹もさぞかし微笑《ほほえ》んでいることだろう。

中江藤樹と酷似する王陽明の生涯

もう一つ、内村鑑三さんの『代表的日本人』に記述はないが、わたしが中江藤樹について感じたことがある。

中江藤樹は「日本陽明学の祖」と言われているが、必ずしもそうでないことは前に書いた。藤樹の晩年の学説の中には相当、道教の影響があると思う。しかし朱子学に飽き足らず、陽明学に大きな関心を持ったことは事実だ。

ゲスの勘繰り的な見方をすれば、わたしは、「中江藤樹は王陽明の学説にも魅《み》せられたが、それ以上に王陽明自身の生涯に自分を重ねたのではないか」と思っている。それほど王陽明の生涯と中江藤樹の生涯は酷似している。そこで王陽明の生涯を略記する——。

＊

王陽明は、明《みん》の憲宗《けんそう》の成化《せいか》八年（一四七二）、日本では文明《ぶんめい》四年（室町幕府第八代将軍足利義政《あしかがよしまさ》の時代）に浙江省余姚《せっこうしょうよよう》で生まれた。諱《いみな》は守仁《しゅじん》だ。陽明という号は、かれがのちに修行のために陽明洞を築き、そこに籠《こも》ったために起こった呼び名だ。父も読書人であり、華《か》といって成化十七年（一四八一）に進士の試験に合格した。

陽明が十一歳（注＝数え年。以下同）のとき、父の勤務先の関係で北京にいった。約六年、ここに住む。このころの陽明について、いくつかのエピソードがある。一つは非常に勉強嫌いで、学塾を抜け出しては弟や友だちを相手に戦争ごっこばかりしていたという。

もう一つは、生母が早く死んだので継母が陽明をいじめたことだ。陽明は仕返しのために、継母の部屋にふくろうを入れた。これがばたばた悪声で騒ぎだすと、怖がった継母は陽明に助けを求めた。

陽明はかねて示し合わせていた巫女《みこ》に相談させた。巫女は継母に、「おまえさんが陽明さんをいじめるから、こういう目に遭《あ》うのだ」と言ったので、その後、継母は陽明をいじめなくなったという。こういう悪知恵も働いた。つまりマセガキだった。

陽明も科挙《かきょ》（国家試験）を受けるために、しきりに朱子学を勉強した。が、陽明にとって朱子学は飽き足らなかった。形骸化していたからである。そこでかれはつぎつぎと関心の対象を変えた。これを〝陽明の五溺《ごでき》〟と呼んでいる。任俠《にんきょう》、騎馬、文辞、神仙、仏教の五つだ。しかしいずれもかれを満足させるものではなかった。二十一歳のときに郷試《きょうし》には一応合格した。

そして鬱々《うつうつ》としている時期に、広信《こうしん》（江西《こうせい》省）の婁一齊《るいっさい》という学者に出会った。婁一齊はすぐれた朱子学者であったが、朱子学そのものに疑問も持ちはじめていた。一齊は陽明にこんなことを教えた。

――一木一草《いちぼくいっそう》にもみな真理が籠っている。その発見に努めなければならない。

――どんな凡俗でも一所懸命学べば聖人にいたることができる。

この二つのことばは陽明に大きな影響を与えた。陽明は、「そうか、この世に存在するものにはすべて真理が含まれているのだな」と思い、その発見に努力しようと志した。そして、「一所懸命学んで聖人の域に達しよう」と考えたのである。

この辺は内村鑑三さんの『代表的日本人』の中江藤樹の項にも書かれているが、

藤樹が「学んで聖人になろう」と考えた動機と一致している。

陽明は一木一草が保っている真理を発見しようとして、自分の家の庭の竹を凝視した。毎日睨《にら》みつづけた。が、竹の持っている真理が発見できない。しまいにかれは神経を痛めてしまった。そして一齊から教えられた、「一木一草も必ず真理を含んでいる」という、いわゆる格物《かくぶつ》の理論に疑問を持ちはじめた。

道教に惹《ひ》かれたのはこのころだったという。しかしそれも満足するものではなかった。弘治《こうち》十二年（一四九九年、日本の明応《めいおう》八年、室町幕府第十一代将軍足利義高《よしたか》〈義澄《よしずみ》〉の時代）に会試に合格した王陽明は、翌年、刑部雲南清吏司《ぎょうぶうんなんせいりし》主事に任命され赴任した。さらに江北地方の司法事務を査察して、数多くの不当な裁判を告発した。

このころから陽明は肺患に罹《かか》り、弘治十五年（一五〇二）には故郷に戻って陽明洞を造り、この中に籠って道教の導引術《どういんじゅつ》に熱中した。そして身につけた技術を、「結局は人間の精神をもてあそぶ技術にすぎない」と考えた。一転して仏教にも関心を持ったが、必ずしもかれの精神的な飢餓感を満たすものではなかった。

弘治十七年（一五〇四）、三十三歳になった王陽明は、山東監察御史《さんとうかんさつぎょし》の招きによって山東郷試の主考官になった。国家試験の出題者である。こういう地方にも中央朝廷の悪しき慣習が汚染していて、公正な試験は行われない。人事登用の生殺与奪《せいさつよだつ》の権を握っていたのは、宮中にいる宦官《かんがん》、劉瑾《りゅうきん》だった。

当時の皇帝は〝明代きっての暗君〟といわれた武宗《ぶそう》である。武宗は政務をすべて劉瑾に任せっぱなしだった。そのため劉瑾は朱子学を悪用し、自分の好みの人事を行うために国家試験まで〝汚染〟していた。朱子学を純粋に政治に生かそうとする心ある連中は、しばしば劉瑾に対し諫言《かんげん》した。が、劉瑾は自分の耳に痛いことを言う連中をつぎつぎと投獄してしまった。

憤慨した王陽明も劉瑾に直接、諫言の書を出した。劉瑾は王陽明を罰し、ムチで四十回打ったうえ投獄した。さらに、「おまえには貴州《きしゅう》竜場《りゅうじょう》駅の駅丞《えきじょう》を命ずる」と左遷されてしまった。竜場というのは貴州省の西北にある地域で、この世の地獄と言ってもよかった。少数民族が住む未開の山岳地帯でことばは通じない。通じるのは内地からきた連中だけだったが、この連中がすべておたずね者やならず者ばかりだった。

王陽明は現地にいくと、住む家も自分でつくった。供をしてきた従者が病気になってしまった。そのため陽明が燃料を集めたり、川へいって水を汲《く》んだり、食べ物をつくったりした。従者の看病もした。

このとき陽明がひるむ心を励ますためのモノサシにしたのが、「もしも聖人がこういう状況に遭遇したら、どうしただろうか」という問題設定であり、その設定に対する自らの答えであった。陽明は自分を奮い立たせた。しかしかれの肺患は少しずつ進行していった。

この地獄地域の経験で、王陽明には大きな収穫があった。それは悟りを開いたことである。悟りというのは、かつて、「一木一草の中にもすべて真理が含まれている」という格物の考えを、「いや、そうではない。本当の真理は自分の心の中にある」と思いいたったことだ。つまり、「真理を事々物々の中に求めるのは誤りだ」と気づいたのである。

この悟りは、この地域に群れをなしていたおたずね者やならず者たちを見ていて、陽明が「人間のほんとうの姿」を発見したためだ。いままで北京を中心に身につけてきた偽物《にせもの》の学問がいっさい吹っ飛んでしまった。「人間のほんとうの姿は、そんな字句の解釈によっては理解できない」と悟ったのである。つまり、「朱子学は人間存在の根底にまったく触れていない」と感じたのだ。

ここで陽明は、「聖人の道は吾《われ》がうちにある。吾がうちにあるというのは無限の自己責任を負うことだ」という、いわば〝主体の自覚〟を認識したのである。ここではじめて、「知行合一《ちこうごういつ》」の考えを確立する。

このころ宮中では劉瑾が失脚し、誅《ちゆう》せられた。王陽明は都に呼び返された。そして出世コースを歩みはじめる。

――正徳《せいとく》五年（一五一〇年、陽明三十九歳）、廬陵《りよりよう》県（江西省吉安）の知県《ちけん》になる。

――正徳六年（一五一一年、陽明四十歳）、吏部《りぶ》験封《けんぽう》清吏司《せいりし》主事になり都に帰る。都では、朱子から「異端である」と決めつけられた陸象山《りくしょうざん》の学説が再び息を吹き返しはじめていた。王陽明も「陸象山の学問は孟子《もうし》の学説である」と言ってかばった。この辺から陽明は、正当な朱子学者たちから次第に疑いの目で見られるようになる。

――正徳七年（一五一二年、陽明四十一歳）、南京太僕寺《なんきんたいぼくじ》少卿《しょうけい》に任命され、赴任の途中、故郷に戻る。陽明を慕い集まってきた門人たちと大いに討論を行う。このとき陽明は、「天下が治まらないのは、虚文が栄えて実学が衰えているからだ。多くの人が勝手な意見を出しては新奇を競って、世俗をだましている。ただ名声を追って、本実を尊び淳朴《じゅんぼく》に返ることを忘れているからだ」と教えた。竜場の地獄の体験がかれに自信を持ってそう告げさせたのである。

――正徳八年（一五一三年、陽明四十二歳）十月、陽明は任地滁州《じょしゅう》に到着した。ここで馬政を監督した。

――正徳九年（一五一四年、陽明四十三歳）四月、南京鴻臚寺卿《こうろじきょう》に任命される。

――正徳十一年（一五一六年、陽明四十五歳）、都察院左僉都御史《とさついんさせんとぎょし》に任ぜられ、このころ江西から福建にかけて悪行の限りをつくしていた流賊《りゅうぞく》鎮圧を命ぜられた。子どものころ戦争ごっこに夢中になっていた陽明にはそういう素質があったのだろうか、流賊たちをほぼ一年の間にほとんど討滅《とうめつ》した。賞賛する門人に、陽明はこう言った。「山中の賊を破るは易《やす》く、心中の賊を破るは難《かた》し」。日本でもかなり知識人が使った有名なことばである。

――正徳十四年（一五一九年、陽明四十八歳）のころ、流賊の討伐を一応終わった陽明は中央に対し「退任したい」としきりに願い出たが、中央政府は陽明の実力を知って、逆に寧王宸濠《ねいおうしんごう》が謀叛《むほん》したので、この討伐を命じた。いったん命ぜられると陽明はすぐ行動を起こし、その年の七月下旬には反乱軍の留守部隊が守る南昌《なんしょう》を急襲して絶滅させた。そして七月二十六日には樵舎《しょうしゃ》で敵将、宸濠を生け捕りにした。こうして寧王宸濠の乱は鎮圧された。

ところが、ここで妙なことが起こった。それは中央から、「反乱軍に対し武宗皇帝が親征《しんせい》する」と通告してきたことだ。陽明は驚いた。自《みずか》らの勝利の報告はとっくに朝廷に出してある。陽明は疑った。（自分の勝利の報告はきちんと皇帝に届かなかったのだろうか）。そう感じて中央に照会の手紙を出した。

ところが朝廷のほうは、「たしかに元凶はつかまったが、残党がまだ残っている。これを皇帝が自ら親征なさるのだ」と回答してきた。陽明は、「長い戦乱に民は疲れ果て、生活苦に陥っております。災害が相次いでおります。治安も年々悪化しておりますので、この際親征をお取りやめになって、民力回復に意をつくすべきではないかと思います」という意見書を送ったが、握りつぶされた。

親征は実行された。これは陽明自身に責任はなかったが、宮廷においては陽明の武名をねたむ者がたくさんいて、「このままだと武功は王陽明ひとりに帰してしまう」と危惧《きぐ》した姑息《こそく》な連中が皇帝を担ぎ出したのである。

皇帝は前に書いたように明代きっての暗帝と言われていたから、その名誉挽回《ばんかい》を策す意味もあったのだろう。反対すればするほど陽明は孤立していった。このとき陽明は一篇の詩をつくり、その中で、「これほどざあざあ雨が降る中で枯葉一枚が自分の身を支えるのは容易ではない」という意味のことを詠《うた》った。

しかし陽明は打たれ強い。こういう窮境に立つと哲学的にはいよいよ冴《さ》えてくる。かれは正徳十六年（一五二一年、陽明五十歳）、南昌にあって「致良知《ちりょうち》」の考え方を発見した。これは「良知を致《いた》す」ということで、良知というのは孟子の「慮《はか》らずして知る、これを良知と謂《い》う」ということだ。

——このころ武宗が崩御《ほうぎょ》した。代わって世宗《せいそう》が即位した。新帝は陽明を召し出した。南昌を出発してまもなく、「南京兵部尚書《ひょうぶしょうしょ》（陸軍大臣格）に任ぜられる」という通報を受けた。故郷の余姚に寄ると、十二月十九日には新建伯《しんけんはく》に封ぜられた。

——武宗の親征によって、自分とともに手柄を立てた部下の功績が必ずしもきちんと報いられていなかったので、陽明はそのことを中央に告げ、自身の報賞を辞退した。が、許されなかった。肺患はいよいよ重くなっていった。嘉靖《かせい》六年（一五二七年、陽明五十六歳）五月、陽明は都察院左都御史《さとぎょし》に任命され、思恩《しおん》・田州《でんしゅう》の匪賊《ひぞく》討伐を命ぜられた。陽明はびっくりした。そして、

――体力が急速に衰えていること。

――肺患が重くなり、咳が絶えないので、南方の風土にはとても耐えられないこと。

――中央朝廷には自分に対する悪意を持つ者がたくさんいるので、現地にいっても中央との適切な意見交換ができないこと。

――宸濠の乱が平定されて八年余りたっても、自分の部下に対する適切な論功行賞が行われていないこと。なかにはでっち上げの罪で刑死した者もいること。

――思恩・田州の反乱は現地の役人に対する住民の報復なので、まず現地の役人に処理させるのが適当であること。

などを述べ立てた。

しかし陽明が言うとおり、中央朝廷にはかれに反感を持つ高級官僚がたくさんいた。かれらは暗黙裡に、「体の弱っている陽明を現地に送れば、あるいは耐えられずに死んでしまうかもしれない」という残酷な合意を打ち立てた。

――陽明に悪意を持つのは単に高級官僚だけではなく、朱子学を信奉する学者の

中にも大勢いた。陽明がこのころ唱えた「致良知」や「知行合一」の説は、明らかに朱子学の本道に反するものとして、かなり批判の声が起こっていた。なかには「陽明の説は禅に近い」と解釈する者もいた。

――陽明は江西に入り、翌年には思恩・田州の賊を鎮圧した。そして夏には断藤峡《だんとうきょう》にいた数万の蛮賊を打ち破った。こうして掃討作戦は完了した。しかし陽明は完全に病状を悪化させ、咳と下痢がとまらない。両足も萎《な》えた。さらに目が見えなくなってしまった。にもかかわらず、朝廷から戻ってこいという命令はこない。

そこで陽明は、「任務はすでに完了した」と自分で判断し、十一月下旬から都に向かって北上を始めた。しかし青竜舗《せいりゅうほ》というところに着いたとき、完全に参ってしまった。陽明は門人の周積を招いてこう言った。「いまの私はもう気力で自分を支えているだけだ」。周積も師の生命がすでに絶えかかっているのを知った。そこで「なにかご遺言は？」と聞いた。陽明は微笑してこう答えた。

「この心光明なり。またなにをか謂わん」

そう言って瞑目《めいもく》し、息絶えた。嘉靖七年（一五二八年、陽明五十七歳）十一月二十九日のことである。

「深い孤独感」に負けなかった藤樹と王陽明

たどたどしいたどり方で、一応、王陽明の生涯を略記したが、中江藤樹もかなり似たような人生行路を歩いている。

――藤樹も最初、朱子学を学んだが、やがて飽き足りないものを感じはじめた。これは王陽明と同じだ。

――中江藤樹にも持病があって、かれは若いときから喘息《ぜんそく》を患《わずら》っていた。大洲にいったとき、近くを流れる肱川《ひじかわ》から立つ濃霧が喘息をよけい悪化させた。王陽明が肺患に苦しんでいたのと同じだ。

――藤樹も大洲藩加藤家内では学識にすぐれ藩主に重用されたので、多くの武士たちの嫉妬《しっと》と憎しみを買っていた。わずかな理解者はいたが、全体的には藤樹は孤立していた。

――藤樹自身、「圭角《けいかく》の人」と呼ばれている。圭角というのは玉《ぎょく》の角のことだ。「理屈っぽく、その態度やことばづかいに角のある人。周囲に対する協調性がない人」の意味だ。

――藤樹は、林羅山が朱子学を徳川家康に推挙し、やがて日本の武士の国学的位置づけをしたことを「劉瑾と同じだ」と考えていた。つまり、林羅山は日本の劉瑾なのである。そのために藤樹は激しく羅山を攻撃する。

「儒教は孔子の道を明らかにすることであって、どうすれば明らかにできるかということを学ぶことだ。現実の生の政治や官庁人事で悪用すべきものではない。現在、王宮の儒教は破廉恥《はれんち》な立身栄達の道具になっている」

という王陽明の劉瑾攻撃は、藤樹にスカッとする快感を覚えさせた。

――王陽明が自ら体得した「致良知」の思想が王宮内においては危険思想だということになり、次第に非難を浴びるようになったのも、藤樹には自分のこととして受けとめられた。朱子学を批判し陽明学を信奉する藤樹は、当時すでに〝危険な思想家〟になりつつあった。

特に、幕儒《ばくじゅ》、林羅山に対して真っ向から挑戦状を叩《たた》きつけるような行為は、大過なく無事平穏を願う藩の重役たちにとっては迷惑このうえないことだったろう。おそらく、間に入った江戸藩邸の武士たちは、「故郷の若い中江がとんだご無礼を致しまして」と、林羅山の関係者に弁解と謝罪を続けたにちがいない。これは藤樹のあずかり知らぬことである。

――藤樹は故郷の母親に孝養をつくしたいために脱藩した。これもある意味では藩法に触れることだが、王陽明もそれに近いことを行っている。

――王陽明は故郷に塾を設け、後輩を多く教えた。琵琶湖畔に戻った藤樹も小さな塾をつくり、ここで付近の人びとに教育をほどこした。王陽明の門人には都（北京）で暮らす人材も多かったが、故郷にもたくさんいた。これは藤樹も同じだ。藤樹が琵琶湖畔に塾を開いてからは、遠く大洲から小川村にやってきて、そのまま藤樹の塾に寄宿し、さらに学問を深める若者がたくさんいた。

——おそらく藤樹が王陽明に共感を持ったのは、その学説の行動的な面もあったろうが、それ以上に持病を抱えても決して勤務を放棄することなく、忠実に勤めあげた誠実な態度と、どんな激務に追われても決して学問修行の道を断たなかったことである。

——さらに言えば、王陽明が終生持ちつづけた〝孤独感〟は、そのまま中江藤樹のそれでもあった。藤樹もまた〝深い孤独感〟を持ちつづけた。しかし王陽明も藤樹も、その孤独感に負けることはなかった。それを越えて「人のために、社会のために」自分の生命を燃やしつづけたのである。

学問の世界においては、「なにを言っているか（内容）」を大事にすべきであって、「だれ（人）が言っているか」は二の次にすべきだ。どんなに嫌悪感を覚えるような存在であろうと、その学者の唱える説に納得がいけば、それは学問の真理として尊重すべきである。

しかしそういう基本的な態度を持ちながらも、「だれ（人）」に親近感を覚え、かつ尊敬に値するような人物であれば、その「なにを」が倍加して伝わってくる。中江藤樹の王陽明に対する態度はまさしくそれであったろう。王陽明の生涯が自分の人生に酷似しているからこそ、さらに王陽明の言う一語一語が貴重な肥料として藤樹の頭の中にしみ込んだにちがいない。

藤樹の生涯を貫いた「処士」の精神

もう一つ、私が中江藤樹について感じたことがある。それは「士の問題」だ。それも日本ではほとんど存在しないとされている処士《しょし》（官に仕えず民間にいる人、在野の人）のことである。日本で士と言えば、すなわち「武士」のことを指す。徳川幕府も大名家も言ってみれば「武士の、武士による、武士のための政府（地方自治体）」であるために、武士が政治・行政を行った。

これは中国における「士」の考え方とは若干ずれがある。日本では「士＝武士」だから、中国の古代における文官が行うべき政務も日本では武士が行った。つまり、日本の武士は「武官でありながら文官の仕事をする」という状況下に置かれていた。そのために、その精神的バックボーンとして朱子学が取り入れられたのである。

中国古代において孔子が活躍した時代は〝春秋時代《しゅんじゅう》〟であり、孟子ほか諸子《しょし》百家《ひゃっか》が活躍した時代は、それより三百数十年後の〝戦国時代〟である。特に戦国時代には、孟子をはじめ多くの思想家が自分の学説をそれぞれの国の政治に活用してもらうために遊説《ゆうぜい》して歩いた。「治国のあり方と帝（国）王のあり方」を説いてまわったのである。

これら多くの思想家たちは、ほとんどが処士だったという。処士というのは、「多少の土地と住居を持ち、またそこそこに生活できる財産も持っている」という条件を備えていた。孔子も孟子もそうだ。

中江藤樹も同じだった。かれの生家も琵琶湖畔に多少の土地と住居とわずかな金を持っていた。もちろん藤樹が帰郷したときには、家はかなり貧しくなっていて、藤樹は自分が携えていた刀を売ったり、あるいは酒を仕入れてこれを村人に売ったりした。

わたしなりの補足をすると、内村鑑三さんの『代表的日本人』には藤樹が酒を行商して歩いたと書いてあるが、そこまではやらなかったような気がする。村人のほうが藤樹の家に買いにきたというのが事実のようだ。

なぜこんなことを書くかと言えば、酒を売るときに藤樹が本人の心の持ち方を質《ただ》し、勤勉なら多く売り、怠け者には少ししか売らなかったというエピソードが残っているからだ。つまり、藤樹は酒を売るときにも教育という立場から商売をしていたのである。

王陽明は学問も深かったが、実際に官吏として終始したのは武人としてである。特に、反乱軍に対する鎮圧で大きな功績をあげた。大軍を率いての司令官の役割も立派に果たした。藤樹にはそういう能力はない。また、かれはそういうことが嫌いだったろう。合戦《かっせん》に参加したこともないし、世の中も平和だったからだ。

しかし藤樹は純粋な文官とも言えない。大洲藩加藤家におけるかれの役割は、「藩士の教育」に主眼が置かれていたからである。根っからの学者タイプだ。そうなると、かれの立場・位置づけはむしろ武士というよりも、「処士」と言ったほうがいいような気がする。この処士精神が、藤樹の生涯を貫くバックグラウンドではないかと考え、わたしは『小説 中江藤樹』では藤樹を「処士」として扱った。

日本に類例のない〝聖人〟という称号を得るには、それなりのキャラクター（性格）がなければならない。武士でもなく、単なる学者でもない藤樹の位置づけでは、どうすればよいかということをずいぶん考えた。結果たどり着いたのが、日本ではあまり扱われたことのない、「処士」という身分、立場であった。わたしには中江藤樹をそういう社会的位置づけにしたほうが、かれの学説や生き方を理解するのにストンと腹に落ちるような気がしたからである。

処士というのは「官に仕えない在野の人」と言われているが、野《や》にあっても決して呑気《のんき》に暮らしていたわけではない。地方教育者として塾を開いたり学説を唱えたりして近隣社会に貢献している。つまり、藩から脱して故郷に戻っても、決して盆栽いじりに終始するような隠棲生活を送ったわけではない。むしろ世の中に積極的に寄与している。そしてかれの学説の根本にある、「孝の精神」を次第に発展させた。

孝というのはまず親に対するものだが、それを藤樹は隣家に広げ、近隣社会に広げ、そして国（藩）に広げていった。このエスカレート方法は、やがては日本全体におよび、そして世界にもおよんでいくものだ。

「明徳」とは心の鏡を磨くこと

こういうエネルギーの発生源は、一武士、一学者のできることではない。やはり武士でもなければ単なる学者でもない、第三の立場に立つ「処士」の持つ特性ではないかと考えた。同時にわたしは、藤樹が主張した「明徳《めいとく》」を、王陽明の言う「聖人の真理は個人の中にある」ということばに結びつけ、「心の鏡」として考えてみた。つまり、

——人間はだれでも心の中に輝く鏡を持っている。

――鏡が輝いていれば、世の中の出来事や人間の心がそのまま歪《ゆが》まずに映る。

――明徳というのは、この正しく映った状況に対するこちら側の反応を言う。

――人間が邪心や欲望などを持って鏡を曇らせれば、鏡の中に人の心や社会の状況が決して正しくは映らない。歪んで映る。

――この歪みが社会の悪徳や悪現象を助長する。

――人間はまず自分の心の鏡を始終磨くことが大切だ。そうすれば人間社会はもっとよくなるはずだ。


というように受けとめた。

毎日生きている中でいろいろなことに遭遇しても、（いま、この事柄を受けとめる自分の心の鏡は輝いているだろうか、それとも曇っているだろうか）と振り返る。もし曇っていれば、大あわてでこれを拭く。そして汚れ（欲心や邪心）を拭《ぬぐ》い去って、心の鏡をぴかぴかに光らせて対応していくように努力する。すべてうまくいっているとは思わないが、そう努力していることは事実だ。これも孟子の言う、「忍びざるの心」の実行である。

そうは言うものの、わたし自身は藤樹の思想面について、それほど深く入り込んでいるわけではない。第一、入り込めるだけの理解力もない。「自分に理解できる部分」に必死にすがっていると言ってよいだろう。

これは二宮金次郎が難しい本を読むときに、「理解できない部分は破って捨てた」というエピソードがあったのを思い出し、二宮金次郎がそうなら、わたしのような凡庸人《ぼんようじん》はさらにそうしてもよいだろうという横着《おうちゃく》な考えを持っているためだ。だから基本的には、「理解できる部分を、白髪三千丈《はくはつさんぜんじょう》あるいは針小棒大《しんしょうぼうだい》に拡大解釈して、自分の都合のいいように活用している」と言われたら、その非難は甘んじて受けるつもりだ。

現在も高島市安曇川の町は、一種の〝聖域〟じみた雰囲気をたたえている。町の隅々に藤樹精神がしみ込んでいる気がする。

内村鑑三さんも触れてはいるが、「遠方からやってきた藤樹尊崇者に対する村人の対応」は、正しくはつぎのとおりだ。

――藤樹尊崇者が藤樹の墓に参りたいと思って、畑を耕していた村人にその所在地を尋ねた。

――尋ねられた村人は、「ちょっとお待ちください、ご案内いたしますから」と言って、いったん自分の家に戻った。

――家から出てきた村人は正装をしていた。訪問者（内村さん）は驚いた。

――藤樹の墓に案内した村人は、自分は墓の柵の外に控えて訪問者が参拝を終えるのを待ちつづけた。

――訪問者は村人のその態度で、藤樹がいまだに尊敬されていることをしみじみと知った。

というような話である。

もちろん、藤樹もある学説の主張者だから、だれもかれもがすべて藤樹を尊敬しているわけではない。それは現在、高島市に住む人びとにしても同じだ。が、安曇川の町を歩いていると、そういうエピソードがなんの不自然さもなく、スッと頭の中に入るような雰囲気をたたえている。

いまは市立の「近江聖人中江藤樹記念館」もでき、資料もよく整備されている。館長は中江さんというので「ご子孫ですか」と聞いたら、「違います」という返事だった。穏やかだが非常に熱心に保存業務に励んでおられる。最近、中江藤樹の唱えたことばの中から、わかりやすく役立つように『中江藤樹のことば』という小冊子を出版された。

藤樹の本質をとらえた勝海舟

この章を終わるにあたって、おもしろい人物が藤樹評をしているので加えておきたい。勝海舟《かつかいしゅう》だ。かれは藤樹について、つぎのように語っている（『氷川清話《ひかわせいわ》』角川文庫）。

――中江藤樹は、日本で陽明学の開祖だ。その人となりの如何《いかん》は、いまさら言わなくっても、近江聖人という称号があるのでよくわかっている。なにぶんこの人は議論よりも実行を重んじたのだから、著書といっては別に今日まで伝わっているようなものもないが（実際には大冊の藤樹全集がある）、しかしながらその没後二百五十年もたつ明治の代にすら、なお藤樹先生の遺徳《いとく》を追慕するものが、世間にいくらもあるのは、その風流余韻が、深く人心に浸潤《しんじゅん》しているからだ。

――藤樹のことを思うにつけて、毎度ながらしゃくにさわるのは、今日の漢学者だ。人を感化する道徳も、世を救済する経綸《けいりん》もまるでないくせに、修身斉家《しゅうしんせいか》だとか、治国平天下《ちこくへいてんか》だとか、ほらを吹きまわったり、それでなければ役にも立たない詩《し》賦《ふ》文章をひねくったり、よせばいいのに訓詁《くんこ》考証にこせこせしたり、それでいて、当人はあっぱれ天下の儒者だといって得意がるのは、おれにはおかしい。こんなやつらはひっきょう社会のごくつぶしだ。居候《いそうろう》だ。

――全体、漢学というものは、けっしてわるい学問ではない。やりようによってはずいぶん役に立つのだ。それが今日のようにいっこうふるわないというのは、つまり漢学が悪いのではなくって、漢学をやる人が悪いからだ。漢学者が漢学の頭脳を忘れて、聖賢《せいけん》の心法を活用することをなしえないで、いたずらに記誦《きしょう》詞章の末技に汲々《きゅうきゅう》としているからだ。若い人たちは、いまからそこをよくわきまえて勉強するなら、なに、聖人の名は藤樹一人のものではないよ。

海舟らしい八つ当たりだ。しかし本質はよくとらえている。藤樹が朱子学から陽明学に移ったのも、当時の朱子学が、勝海舟がここに書いているような状況を呈していたからだ。

最後の、「なに、聖人の名は藤樹一人のものではないよ」という言い方も正しい。それは藤樹自身が、「一所懸命学べば聖人の域に達することができる」という志を立てていたからである。また、なにも藤樹だけではなく、「学んで聖人の域に達したい」と志している人びとは、当時でもたくさんいたからである。海舟はオランダ学者だが、少年時にはやはり漢学を修めている。直感的にこういうもののとらえ方をするのは、さすがに立派だ。

海舟は、熊沢蕃山についてもつぎのように言っている。

——熊沢蕃山は、儒服をつけた英雄だ。かれは中江藤樹の門人で、学問はもちろん王陽明を主としたのだが、そのころは非常な勢いをもって四方を風靡《ふうび》した。備前(岡山県)の池田新太郎少将に召し抱えられたときには、大いにこれまでの弊政を改革して、荒地を開いたり、堤防を築いたり、教育を奨励したりなどしたものだから、備前の民は今日にいたるまで、蕃山のおかげをこうむっていることが多いのだ。おれはいまの政治家や、教育家のする仕事を見るにつけて、しばしば蕃山を思い出すよ。

海舟は、まず、「自分が言いたいこと（メッセージ）」があって、その引き合いに歴史上の人物を引っ張り出しているのだから、かなり誇張したものの言い方に気をつけなければならない。しかし蕃山に対しても、きちんと事績はおさえている。海舟の蕃山評も正しい。

第六章

内村鑑三さんの描いた日蓮

1 日本の仏教

日蓮《にちれん》の評伝を書く前に内村鑑三さんは、「宗教のない人間はいない」とされて、ご自身の宗教観や、さらに「日本における宗教の歴史」を、主として仏教の伝来から説き起こしている。人間の宗教心の湧くゆえんを、主として「死」の問題があるからだとされている。

インドの信仰が日本にはじめて入ってきたときの影響については容易に想像がつく。きらびやかな儀式、崇高《すうこう》な神秘主義、大胆でありながら迷路のように入り組んだ思索などは、無邪気な日本人を驚嘆《きょうたん》させたにちがいない、と言われる。

――仏教の日本への伝来は五五一年（第二十九代欽明《きんめい》天皇治下の十三年）だとされている。仏教の熱心な信者となった聖徳太子《しょうとくたいし》のことが語られる。

――同じころ、中国では玄奘《げんじょう》の指導力のもと、仏教の大復興が起こっていた。玄奘はホトケのふるさとであるインドを訪ねている。その玄奘に学ぼうとして、日本からも多くの学者が海を渡っていった。奈良朝廷（七〇八～七六九年）の天皇たちは熱心な仏教の後援者だったからである。

――しかし新宗教への熱狂が絶頂を迎えるのは九世紀初頭である。最澄《さいちょう》、空海《くうかい》の二人の学僧が学問を修め、それぞれの選んだ宗派を携えて中国から帰国したときだ。最澄は比叡山《ひえいざん》に、空海は高野山《こうやさん》に拠点を設けた。叡山（延暦寺《えんりゃくじ》）は七八七年に、高野山（金剛峯寺《こんごうぶじ》）は八一六年に建てられた。これによって日本の仏教がこの地に深く根を張ったと言える。

――仏教はさらに発展し、㈠三論《さんろん》、㈡法相《ほっそう》、㈢華厳《けごん》、㈣律、㈤成実《じょうじつ》、㈥倶舎《くしゃ》、㈦天台、㈧真言が、わが国にしっかりと定着した。

――そして大都市、京都とその郊外には、現在も門、塔、六角堂、鐘楼といった荘厳な宗教建築が残っており、かつて私たちの間に栄えた信仰を現代に伝える一大記念碑となっている。

――十二世紀も終わりに近づくと、この国の長い内乱が終わり、平和が訪れ、宗教思想に新たな動きが生まれた。源頼朝《みなもとのよりとも》は僧侶の世俗的な権力を弱めたが、国民の精神的教導者としてそれ相応の敬意を示した。その結果、学問においても徳においても尊敬すべき多くの学僧を輩出した。頼朝のあとを引き継いだ北条《ほうじょう》氏の多くも、深く仏教に帰依《きえ》していた。

――このころ、中国から禅と呼ばれる瞑想《めいそう》的な仏教宗派が入ってきた。この新しい種類の仏教を広めようと、京都や鎌倉や越前《えちぜん》の国（現在の福井県）に大きな寺が建てられた。この新しい宗派は、儀式を重んじる古い諸宗派とは対照的に、深遠かつ普遍的、形而上学的だった。そのため、国内の上流階級や知識階級に好まれた。

――そうなると民衆もまた信仰を必要とした。源空《げんくう》（法然《ほうねん》）はその後、浄土宗《じょうどしゅう》と呼ばれる宗派を人びとに伝えた。浄土宗がとりわけ説いたのは、仏陀《ぶっだ》の名前を唱えるだけで浄土へ入れるという教えだった。そのため念仏宗（ホトケを念じる宗派）とも呼ばれた。

――この念仏宗の分派が真宗《しんしゅう》である。範宴《はんえん》（親鸞《しんらん》）によって始められたものだ。

――日本の仏教は合計すると十二宗になった。十三世紀は日本の仏教における最後にして最大の形成期と言えるかもしれない。また、この世紀は日本におけるインド宗教の真の再形成期であった。その後、この時代ほどの輝きが見られたことはない。

――信仰が広まると、人間は自惚《うぬぼ》れの信仰と安逸《あんいつ》に甘んじがちになる。そんな私たち自身を戒《いまし》めるため、ここで一人の英雄のことを思い起こすことにしよう。

以上が、日蓮に入る前の日本の宗教状況である。

2 誕生と出家

――貞応元年《じょうおう》（一二二二）の春、安房《あわ》の国（現在の千葉県）の東端の岬にほど近い小湊《こみなと》の村に住む漁師の家に一人の子どもが生まれた。母親が熱心な日輪《にちりん》（太陽）の信者だったので、この子には善日麿《ぜんにちまろ》という名がつけられた。ここでは、こういう誕生に必ずまといつく不思議や奇跡が伝えられるが、ここでも日蓮に関わりのある奇瑞《きずい》のエピソードがいくつか語られる。

――日蓮が生まれたころは、仏教界ではすでに正法《しょうぼう》千年が終わって、第二の像法《ぞうぼう》千年も過ぎ、最後の第三の〝末法《まっぽう》千年〟が到来を告げたばかりのころだった。宗教界ではこの末世が終わりを告げ、その闇を照らす光が東方に現れるという言い伝えがあった。善日麿はそんなころに生まれたのである。

――善日麿が十二歳になったとき、信仰心の篤《あつ》い両親はかれを僧侶にすることを決めた。修行が始まる。

――生地の近くに清澄《きよすみ》寺があった。住職は道善《どうぜん》といって学識と徳の高さで知られたお坊さんだった。善日麿はその寺で修行した。十六歳のときに得度《とくど》して蓮長《れんちょう》と名乗るようになった。道善は、できれば蓮長を自分の後継にしたいと考えていた。

3 暗闇の内と外

——蓮長（日蓮）は、年を経るに従って大きな疑問にぶち当たっていた。もっとも明らかな問題点は、仏教における多宗派の存在だった。

——かれの考えでは、仏教とは一つであるはずだ。

——それなのに身の回りを見渡してみると、ある宗派は他の宗派を悪く言い、互いに自分の宗派こそ仏陀の真意だと言い張っている。

——海の水はどこで飲んでも同じ味だ。仏教も同じでホトケに二つの道の教えがあるはずがない。

——いずれの宗派が、自分の従うべきホトケの教えの道なのか。

蓮長はこのテーマで思い悩んだ。

ここで内村鑑三さんは、「自分（内村さん）にも同じような悩みがある。キリスト教も同じ課題を抱えているからである」と言い、「その意味で蓮長に深く同情できる」と書いておられる。

——悩みに悩んだ蓮長は、ついに血を吐いた。そしてある夕べ、かれはこう悟った。

「ホトケが入寂《にゆうじやく》する直前に語ったという涅槃経《ねはんぎよう》こそが、救いになるかもしれない」

かれは熱心に涅槃経を読んだ。つぎの文が目に飛び込んできた。

「依法不依人《えほうふえにん》（人を頼らず、真理を信じよ）」

蓮長は悟った。

「偉大な師が残された経文《きようもん》をこそ信じるべきなのだ」

これによってかれの悩みはたちまち解けた。心に一条の光明《こうみよう》が射した。

——蓮長のこの悟りに、内村さんはキリスト教の改革者、マルティン・ルターのことを思い出したと書かれている。四百年前、エルフルトの修道院で同じような出来事が起こった。若きドイツ人修道士たちは多くの疑問について「意識を失うほど」悩み抜いた末に古いラテン語の聖書に目を奪われ、そこに安息の場を見出だした。これ以後ルターは終生、自分の信仰の拠《よ》り所を守りつづけた。

——しかし蓮長の場合、ルターのように簡単にはいかなかった。ルターが頼るべき書は聖書一冊だったが、蓮長の場合は、何十という互いに矛盾《むじゆん》するものの中から最高に権威のある経典を選ばなければならなかった。

――蓮長はこの作業に没頭した。そして、ついにこれだと思える経文にたどり着いた。その経文は「妙法蓮華《みょうほうれんげ》経《きょう》」という美しい名の経文だった。蓮長は喜びに心を燃え立たせ、

「たとえ父と母を捨てても、このすばらしい信仰に身を捧げよう。ほかの僧のありきたりで古めかしい教えに固執《こしゅう》するあまり、仏陀自身の金言を探求せずにいてよいものか」

と心を決した。

――このとき蓮長は二十歳だった。この志《こころざし》を遂げるために、蓮長は当時の将軍のいた首府、鎌倉へ向かった。ローマを訪れたルターと同様、田舎《いなか》から都会に出てきた僧には、目に飛び込んでくる現象、耳に届く教義がものめずらしかった。

――当時の鎌倉は、禅宗は高い階層を、浄土宗は低い階層をそれぞれ導いていた。前者は無意味な思索の泥沼に入り込み、後者はむやみに阿弥陀仏を信じ我を忘れており、仏陀の仏教はどこにも見られなかった。そのうえ蓮長はホトケの像が子どもにおもちゃとして与えられているのを目にしている。

――蓮長は自分が立てた使命感に心を燃やしたが、しかしこう考えた。

「鎌倉は法を普及するにはふさわしい場所だが、学ぶにはふさわしい場所ではない」

そこで蓮長はあらためて「ホトケの法（経）を深く探求しよう」と考えて、まず

比叡山で修行することから始めた。

――以後十年の長期にわたって、蓮長は比叡山で法華経《ほけきよう》の研究に勤《いそ》しむ。

――法華経研究の成果を得た蓮長は、いよいよこの成果を日本の地に広めようと志した。しかしこのときの蓮長はなんの背景（支持者）も財産も身分もない立場だった。海外へいったこともない。かれは徒手空拳《としゆくうけん》で一つの経典と法のために自分の生命を賭《と》して立とうと考えたのである。

――しかし、この考えは法難《ほうなん》を招く。真の意味での日本における宗教迫害は日蓮から始まった。

と内村さんは書く。

4　宣言

蓮長の立場はキリスト教で言えば、

「預言者は、おのが郷おのが家の外にて尊ばれざる事なし」（『新約聖書』マタイ伝十三章第五十七節）

と内村鑑三さんは書く。にもかかわらず、

「預言者はその宗教家としての人生を自分の故郷で始めるという哀しい事実がある」と書かれている。

蓮長も同じだった。かれは故郷に戻って自分の考えを述べはじめる。しかし、すさまじい反対と迫害に遭《あ》った。生命の危機さえ覚えたことがある。

5 たった一人で世に抗す

――故郷にはねつけられた日蓮は、「学ぶにはふさわしい場所ではないが、法を普及するにはふさわしい場所だ」と考え、鎌倉に向かった。そしていまも残る〝松《まつ》葉《ば》ケ谷《やつ》〟と言われる地に小さな草庵を建てた。現在、日蓮宗の信者は膨大な数にのぼり、しかも教場としての寺もおびただしく建てられている。内村鑑三さんは、「しかし、その最初はこの小さな草庵から始められたのだ」と説く。

――身ひとつで布教を始めた日蓮は、建長《けんちょう》六年（一二五四）に最初の辻説法《つじせっぽう》を開始した。当時の執権《しっけん》は北条時頼《ときより》である。布教開始のときの日蓮の立場を、内村さんはご自身が信奉するキリスト教関係と比較する。

キリスト教も日本でこのように始まったのだろうかと疑問を投げ、ミッションスクール、布教教会、金銭の手当て、人的支援などをあげ、「日蓮にはなにもなかった。彼はたった一人でこの偉大なことを始めたのだ」と日蓮の姿勢に畏敬の念を抱く。

故郷では自説に対してすさまじい反抗と非難の声が湧き起こり、虐待された。常識的な人びとは、「鎌倉の執権は禅を崇拝しておられる。その信仰を悪《あ》し様《ざま》に言うのはよくないのではないか」と非難した。これに対し日蓮は、

「僧はホトケの使者である。世の中や人びとを恐れていては、その職を全《まっと》うできない」

と言い切った。

――六年間、辻説法を続けた結果、やがて日蓮の主張は人びとの注目を引くようになった。門弟も増えた。幕府の要職にある者や、なかには将軍家の近臣までやってきた。そうなると、「鎌倉全体が日蓮の影響下に置かれてしまう」という危惧《きぐ》が起こり、建長寺《けんちょうじ》住職の道隆《どうりゅう》、光明寺《こうみょうじ》住職の良忠《りょうちゅう》、極楽寺《ごくらくじ》住職の良観《りょうかん》、大仏寺《だいぶつじ》住職の隆観《りゅうかん》ら、大きな影響力を持つ高僧たちが集まり、日蓮の主張を弾圧するための協議を始めた。

――日蓮には宗教を超えた特別な主張があった。それが『立正安国論《りっしょうあんこくろん》（国家に平和と正義をもたらすための論）』である。この中でかれは、「外国が必ず日本を襲って

くる」と明言し、そのことはお経の中にすでに書かれていると告げ、「救済法は最高の経典である法華経をこの国全体で受け入れることである」と言い切った。これはかれの、「自宗か他宗か選択せよ」という、他宗に対する宣戦布告であった。

6 剣難と流罪

『立正安国論』を引っさげて辻に立った日蓮は、以後はまさに支配者の迫害との戦いである。伊豆《いず》に追放されクビを斬られる寸前までいき、そして最後は佐渡《さど》に流された。ここで内村鑑三さんは、日蓮にまつわるエピソードで有名な〝竜ノ口《たつくち》の法難〟についても言及している。

――日蓮がクビを斬られなかったのは、なにも奇蹟が起こったわけではなく、首斬り役人が日蓮の醸《かも》し出すオーラ（雰囲気）に圧倒されて思わずビビッてしまい、刀を振り下ろすことができなかったのだと解説される。それが事実かもしれない。

――日蓮の外寇《がいこう》の予言が当たった。これが幕府権力の考え方を変えさせ、日蓮は赦免《しやめん》された。そして布教の許可も得た。

これを内村さんは、「ついには精神が打ち勝ち、その後七世紀にわたってこの国で強い勢力を持ちつづけた」と結んでおられる。

7 最後の日々

——五十二歳になった日蓮は「インドの尊師」の作法に従い、山に引きこもり、静かな瞑想と弟子の指導に明け暮れながら余生を終えようと考えはじめた。ここにかれの偉大さがあり、この宗派の永続性の理由があると思う。世間がかれを受け入れはじめたときに世を去ったのである。

——晩年の日蓮は富士山の西にある身延山《みのぶさん》に落ち着いた。そして、のちに池上（東京・大森の近く）の池上氏という在家の弟子の家に客として迎えられ、この地で弘安五年（一二八二）十月十一日に死ぬ。

——臨終のときに、弟子が仏像を日蓮のもとに運んできた。日蓮の表情は不快なものになった。かれは仏像を退《しりぞ》けるように手で示した。代わりに大きな字で書かれた法華経の掛け物が掲げられた。ゆっくりと体を返し、書に向かって掌を合わせながら息を引きとった。日蓮は経典を崇拝していたが、偶像崇拝者ではなかった。

8 人物評

――日蓮ほど謎に満ちた人物はいない。敵から見れば、日蓮は冒瀆《ぼうとく》者、偽善者、私利私欲の輩《やから》、山師《やまし》であった。かれのいかさまぶりを証明しようとさまざまな本が書かれた。非常に手の込んだものもある。かれほど日本で誹謗中傷《ひぼうちゅうしょう》の的《まと》となった人物はいない。しかも日本ではキリスト教徒もこれに加担していた。

――しかし私はこの人間のために、必要ならば自分の名誉を賭《か》けてもよい。日蓮の教義の多くが今日の批評の試練に堪えられないことは認める。日蓮の論は洗練さに欠け、全体的な論調にも錯乱が見られる。かれはたしかにバランスを欠く性格の持ち主で、一方向に偏る傾向があった。

――知性のうえでの誤りや、生まれながらの激しい気性、そして日蓮の生きた時代と環境がおよぼした影響などを取り除いてみよう。そこに見えてくるのは、心の芯まで誠実で、だれよりも正直で勇敢な日本人の姿である。単なる偽善者であれば、二十五年以上もその偽善を続けることはできない。かれのためなら命を差し出してもよいという何千人もの信奉者を持つこともできない。「不誠実な人間に宗教を興せるだろうか。そんなはずはない。偽りの人間はレンガの家さえ建てられないからだ」とカーライルは主張している。

現在の日蓮宗の浸透状況を見定めた内村鑑三さんは、

「日蓮こそ恐れを知らない人間であり、その勇気の根底には、自分は仏陀がこの世へ遣《つか》わした特別な使者だという確信がある。日蓮自身は〝海辺の貧しき民〟でしかない。しかし法華経を伝える媒体としての能力について、日蓮は天地全体と同じほど重要だった」

と熱を込めて日蓮を評価する。

「ルターにとってキリスト教の聖書が尊《とうと》いのと同様に、法華経は日蓮にとって尊いものだった」と繰り返し、「わが経のために死ねるなら、命など惜しくない」と、危機に直面するたびに日蓮が口にしたことばを繰り返しておられる。そして、

「日蓮を罵倒《ばとう》している現代のキリスト教徒には、自分の聖書がほこりをかぶっていないかよく見ていただきたいものだ。毎日聖句を口にしていても、その教えを熱心に守っていたとしても、十五年もの剣の圧力や流刑《るけい》に耐えられるだろうか。人びとに受け入れてもらうために天から遣わされたとしても、そのために人生や魂を捧げられるだろうか。聖書ほど人類の福利に供してきた書物はほかにない。その聖書の持ち主が日蓮に石を投げつけるなど、もっともすべきではないことだ」

と、キリスト教徒に対してもきびしい苦言を呈されている。結びで、内村さんは日蓮をマホメットにたとえる。マホメットも長い間、偽善者の汚名をかぶせられた。しかし歴史がマホメットをその汚名から解放したように、日蓮の正当な評価に向けて、もっと取り組むべきだったと言われる。

たどたどしいダイジェストの仕方だが、内村さんが日蓮に託した自分の姿は余すところなく伝えられている。文中に出てくる、宗教改革者であるマルティン・ルターの中にも、内村さんは自分と日蓮とを重ね合わせている。無教会主義の敬虔《けいけん》なクリスチャンだった内村さんは、それなりに社会からの批判を浴びた。まさに「孤立した山の上の一本杉」のように、強い風当たりの中で生きた。

しかし、同じ目に遭いながらも、敢然として自分の信念を貫いた日蓮の姿が、どれほど内村さんを励まし、力づけたことか。同時に内村さんは、自らの姿を日蓮の行動の中に見たことだろう。

9　わたしなりの日蓮の補足

現代の日本と日蓮が生きた時代の類似点

わたしが作家活動のライフワークとして、内村鑑三さんの『代表的日本人』に登場する人物を順次小説化したということは前に書いた。西郷隆盛《さいごうたかもり》、上杉鷹山《うえすぎようざん》、二宮《にのみや》金次郎《きんじろう》（尊徳《そんとく》）、中江藤樹《なかえとうじゅ》、日蓮の五人だ。これらの人物は日本の歴史のうえでも有名人なので、わたしにすれば巨象の尻尾《しっぽ》をつかんで振り回されている気がした。まさに神をも畏《おそ》れぬ所業だった。しかし、ぜひともそうしたいという熱情があった。

わたしは歴史上の人物を、「円筒形の存在」と考えている。円筒形ということは、「それぞれの人物が三百六十度全方位からの光の照射を受けとめる許容力を持っている」ということだ。したがって、いままでに書いたこれらの人物の見方は、「わたしの角度からの光の当て方（見方）」であって、全方位にわたるものではない。だから扱った人物の描写についても、それぞれ違った角度からのご指導を多々得た。

最後まで書くことをためらったのが日蓮だ。正直に言って、「手が出ない」と思っていた。さらにわたしをためらわせたのは、日蓮に対する信仰団体の多さであり、属する人びとのおびただしさだ。

「そういう人びとが、わたしの日蓮を読んだらどういう感じを持つだろう」

というためらいがあった。

「そんなことを気にする必要はない。あなたの日蓮を書けばいいのです」

と叱咤《しった》激励し、わたしに日蓮を小説化させたのは、ある編集者である。

いままでに書いた四人の人物もすべてそうだが、わたしの基本的態度は、「その人物とアップ・トゥ・デイト（今日的）な関わり」だ。だからある意味では歴史小説とは銘打っていても、実態はホットな現代小説を書いていると言ってよい。

現代の日本が遭遇している状況は、日蓮が生きた時代とよく似ている。内紛、外圧、日本人として生きる価値観の喪失——この小説の主題の一つは、「もし日蓮が生きていたら、この国家的・国民的危機にどう対応するか」ということであった。外圧（現在は特に経済政策）、政治家の腐敗、この国をどうするかの理念の喪失、非行少年を善導しえないオトナの無力さ、そして自然災害など、日蓮が生きていたころのもろもろのマイナス現象は、そのまま現代にオーバーラップする。

こういう状況下に生き、苦しむ、「迷える子羊（民衆）を救いたい」という念願は、鎌倉時代に新しく起こった新興宗教の特性である。そのため宗祖たちの説法は、それまで貴族や権力者の独占物だった宗教の対象を広く民衆に向けたのである。

そして、国家的見地から「日本国の危機管理をどう行えばいいか」という発想に立って布教したのは、日蓮だけだ。そのためにタイトルもあえて『国僧 日蓮』とした。国僧というのは、「ナショナルな立場に立ってこの国のありようを考え、国民に警鐘《けいしょう》を鳴らす」という意味だ。日蓮はそういう存在だった。

いまこそ必要な「日本を救いたい」という至情

この本の中でもたびたび触れたように、わたしは思想とか哲学とか教理とかに弱い。したがって、わたしが日蓮という巨象の尻尾の毛の一本をつかんだのは、日蓮の、「日本を救いたい」という至情《しじょう》だけである。そして、この至情がいまの日本にとってもっとも必要だという気持ちも強い。だからテーマはその一点に集中した。

言うまでもなく、国家の危機管理責任は政府が負わなければならない。日蓮が生きた時代で言えば鎌倉幕府だ。そのころは日蓮が『立正安国論』で予言したとおり、蒙古《もうこ》の日本来襲がしきりに噂《うわさ》されていた。噂はやがて事実になる。

しかし当時の鎌倉幕府は日本を防衛する意味においては、まさに〝機能停止〟の寸前にあった。その原因の多くは、北条家そのものの、「政権の私物化」にある。

だから日蓮の『立正安国論』の目的は、「やがて来襲する蒙古から日本を守ろう」という国土防衛の意味合いもあったが、それと同時に「防衛責任を負う鎌倉幕府の体質改善・構造改革」が必要であり、具体的には、

——実際に蒙古と戦い、日本を守る武士たちの意識改革

――国民の日本国民としての自覚などを促す目的が含まれていた。日本国と国民全体に対する一種の〝衝撃剤〟だったのである。

その観点に立てば、ただ「南無阿弥陀仏《なむあみだぶつ》と唱えれば極楽にいける」というような消極的な個人救済に終始する念仏経は、日蓮にとってもっとも排除すべき宗教だったのかもしれない。

わたしの家は代々浄土真宗だから、日蓮から見れば「排斥《はいせき》されるべき対象」である。しかしわたしの宗教心は多面的で、必ずしも一宗にこだわるということはない。これは内村さんと同じだ。あるいは、江戸時代初期の鈴木正三《しょうさん》と同じだと言ってもいい。

わたしが日蓮を「国僧」と呼ぶ理由

浄土真宗の宗祖は言うまでもなく親鸞だが、親鸞は布教の途次にこんなことを言っている。

「われ、弟子一人も持たず候《そうろう》」

このことばが好きだ。宗教というのは、もともと宗教者が旅をしながら、各地域に布教していくのがやはり本道ではないのか、という気持ちがある。

鎌倉幕府の時の執権は北条時宗だった。時宗は蒙古来襲がいよいよ本格化したときに、全国の武士に告げている。

「一所懸命の考えを捨てて、国土防衛の任にあたってもらいたい」

当時の武士は、「一所」すなわち土地を一坪でも多く得ようとし、一坪でも失うまいとした。武士にとって土地が至上の財産だった。鎌倉幕府に対する、「御恩と奉公」という観念も、この土地の獲得ならびに保有欲を満たしてくれるための契約だ。

しかしいつまでもそんなことを言っていたのでは、結局は、「土地へのしがみつき精神」ばかり発達して、周りのことや、まして日本国全体のことを考えるような発想は生まれてこない。

北条時宗にとって、蒙古の来襲はある意味では、「武士たちの視野の広がり」を促す格好の事件だったかもしれない。蒙古来襲によって、たしかに日本の武士たちは外敵の存在を知った。つまり、海に囲まれたこの国を容赦《ようしゃ》なく攻めてくる敵の存在を知ったのである。

そうなると、「一所懸命（土地を大事にする）の考えを保つためにも、この敵を打ち払わなければならない」ということになる。いままで争っていた武士同士が連帯する。そこからさらに、「日本を守ろう」という国土防衛思想も生まれてくる。その起爆剤になったのが、日蓮の『立正安国論』だ。北条時宗の、「日本の御家人《ごけにん》に対するナショナリズムの提起」の火付けは、実に日蓮の『立正安国論』であった。

だからしつこいようだが、わたしは小説で日蓮のことを「国僧」と呼んだのだ。ただ内村鑑三さんの『代表的日本人』にも書かれているように、晩年の日蓮は静かな存在になる。体が弱っていたせいもあるだろう。身延山から東京・大田区の池上へ移り、熱心な信者であった池上氏の邸宅で死ぬまで、日蓮の最期は静かだ。その後のすさまじい宗教活動は、むしろ弟子たちの手によって行われたと言ってよい。

あとがき

文字どおり巨象の尻尾の毛を一本つかむような状況で、おこがましくも内村鑑三さんの『代表的日本人』の略記と、わたしなりの受けとめ方を書いてみた。隙間風の吹き込むような粗い造作だったことを恥じている。しかし、いまこの国に生きていて、どうしてもそうせざるをえないような衝動が突き上げていたことも確かだ。

歴史を勉強しはじめてから相当長くなるが、いつも考えるのは、「あの人物がいま生きていたら、この状況にどう対応するだろうか」ということである。いままではそれも個々の問題や、特にわたしは地方自治体に長く勤めた関係から、地方自治とのあり方との関わりで考えることが多かった。

地方自治を考えるにしても、「グローカリズム」という観点が必要だということを、かつて大分県知事を務められた平松守彦さんから教えられた。

グローカリズムというのは、

——グローバルな感覚を失わずに

——ナショナルな問題に対処し

——そのうえでローカル（地方）の問題を考える

という発想方法だ。

平松さんは知事のときに〝一村一品運動〟を起こした。その際、「姫島で車えび一匹を養殖するのにも、国際感覚を持ち、日本の諸問題を考え、大分県のあり方を思い、そのうえで姫島の車えびをどう育てればいいかを考えなければならない」と説きつづけた。

この発想法はわたしが歴史小説を書くうえで大変参考になり、一種の土台になっている。だから今回、『代表的日本人』に今日的な解釈を加えるうえで、基本的にはこの「グローカリズム」をバックグラウンドにしている。

しかし考えてみれば、内村鑑三さんが『代表的日本人』として取り上げた五人の人物は、いわゆる「自伝」と呼ばれるようなものを一人も書いていない。全部、後世の他人が書いた伝記があるだけだ。この点、「行動者は自分、評者は他人」という態度を保ちつづけたのだろう。

つまり、あらゆる事柄に対して、どんな小さなことでも全生命を完全燃焼させて生きていた五人の人物には、

「行動をどう見るかは他人であり後世だ。われわれの行動自体はすでに社会で一人歩きをしている」

という見方があったのかもしれない。

『代表的日本人』について、内村鑑三さんが力を入れたのは最初の西郷隆盛と最後の日蓮であって、間の三人は必ずしも二人ほどの扱いをしなかったのではないかという指摘があるが、わたしは必ずしもそうではないと思う。間に置かれた上杉鷹山、二宮尊徳、中江藤樹に対しても、内村鑑三さんは自分の渾身《こんしん》の思いを込めている。

現在のわたしたちは地方人であり、日本人であり、国際人だ。この三つの人格を持っている。この認識に立って、一人ひとりの身にふりかかってくる問題を考え、対処していくためには、「グローカリズム」の観点が必要だ。

特に、日蓮が『立正安国論』を書いた諸状況とまったく同じ要素をいたく身に感ずる現在、あらためて内村鑑三さんの『代表的日本人』を読み返すことは大きな意味があると思う。ぜひ、読んでいただきたい。

最後になったが、この本を書くうえで、翻訳者の中井智恵さんには大変お世話になった。また、PHP研究所生活文化出版部の山口毅さんはわたし以上に『代表的日本人』を愛し、事前討議の熱いやりとりは忘れられない。ものを書くということはどういうことか、という初心原点をあらためて教えられた。お二人に心から感謝します。そして、あらためて文庫にしてくださる過程では、同文庫出版部の根本騎兄、坂巻広樹両学兄の根気づよいご協力を得た。併せて謝意を表します。
なお、この本の中でいろいろな人物の発言などを引用しているが、原文そのままではない。わたしがどう受けとめたか、という意味の意訳をしている。誤認についてはきびしくお叱りいただきたい。

著者

◉西郷隆盛・略年譜

（注）明治五年十二月三日までは太陰暦、以降は太陽暦による。年齢は数え年。元号が変わった年の和暦は改元後のものとした。また、同年内の出来事に関しては文頭に◎を記した。

西暦	和暦	おもな事績	社会の動き
一八二七	文政 十	12月7日　鹿児島城下の加治屋町に、薩摩藩士西郷吉兵衛の長男として生まれる。母の名は政子（満佐）。幼名は小吉。この年、調所広郷、薩摩藩の財政改革に着手する。	2月　幕府、文政の改革に着手。5月　頼三陽、『日本外史』を松平定信に献上。
一八三三	天保 四	このころ、健児社に入り、郷中教育を受ける。松本覚兵衛に師事する。	2月　幕府、高田屋嘉兵衛を処罰。
一八三八	九	このころ、藩校・聖堂（のちの造士館）に入学する。	10月　高野長英『戊戌夢物語』を著す。
一八四四	弘化 元	この年、郡方書役助となる。のち書役となり、二十七歳まで勤務する。このころ、通称を吉之介という。	6月　水野忠邦、再び老中就任。11月　徳川斉昭の謹慎解かれる。
一八四五	二	このころ、伊藤茂右衛門に師事し、『伝習録』を学ぶ。	7月　幕府、海防掛を設置。
一八四六	三	このころから、農政についてしきりに建言する。	◎諸外国船の来航相次ぐ。
一八四七	四	12月　父吉兵衛に従って薩摩郡水引村に赴き、豪農板垣与右衛門より購田の費用を借りる。	2月　幕府、関東沿岸の防備を彦根・会津両藩にも命じる。
一八四九	嘉永 二	12月　島津斉彬擁立のため、君側の奸を除こうとした藩士らが処刑される（高崎くずれ）。	閏4月　英国軍艦、江戸湾を測量。◎幕府、海防策を募る。
一八五〇	三	3月　赤山靱負ら高崎くずれの余党、自刃を命ぜ	4月　孝明天皇、七社七寺に

		られる。このとき、藩政改革を決意する。12月　幕府、藩主島津斉興に退隠をうながす。	外患を祓う祈禱を命じる。
一八五一	四	2月　島津斉彬（四十三歳）襲封する（5月に薩摩入国）。この年、大久保利通らと『近思録』を会読する。陽明学を学び、禅を修める。	1月　土佐の漂流民・中浜万次郎、米国船で帰還。
一八五二	五	1月　伊集院兼寛の妹俊を娶る。9月　父吉兵衛病没。名を吉兵衛と改める。11月　母政子病没。	6月　オランダ商館長、幕府に米使節の来航を予告。
一八五三	六	この年、藩主斉彬に国政についての建言書を提出する。	6月　ペリー、浦賀に来航。
一八五四	安政元	1月　中小姓となり、藩主斉彬に従って江戸に出府し、3月に高輪の藩邸に入る。4月　庭方役となる。水戸藩の藤田東湖に私淑する。	3月　日米和親条約締結。吉田松陰、伊豆下田で米艦密航に失敗。
一八五五	二	12月　越前藩の橋本左内の来訪を受け、意気投合する。この年、大久保利通と謀って、藩の権臣を除こうとするが、斉彬に説諭されて中止する。国元の妻俊を離縁する。	10月　江戸に大地震（安政の大地震）。藤田東湖圧死。堀田正睦、老中首座に就任。
一八五六	三	11月　斉彬の養女篤子（のちの天璋院）と将軍家定の成婚に奔走する。	7月　米総領事ハリス、下田来航。
一八五七	四	4月　斉彬に従い帰藩。10月　徒目付・鳥預・庭方兼役となり、江戸詰を命ぜられる。12月　江戸に出て、橋本左内を訪ねる。	8月　ロシア使節プチャーチン、長崎に来航。
一八五八	五	2月　一橋慶喜を将軍世子に擁立することを謀り、奔走する。3月　上洛して世子の内勅降下に	3月　孝明天皇、日米通商条約調印拒否の勅答を幕府に与

西暦	和暦	おもな事績	社会の動き
		尽力し、近衛忠熙の答書を携えて江戸に戻る。5月 井伊直弼の大老就任を報告するため、江戸を発し、翌月帰藩。6月 斉彬の先陣として鹿児島を発し、東上。7月 京都で斉彬の訃報を聞く。帰藩して殉死しようとしたが、僧月照に諭され、旧主の遺志を継ぐ決意をする。9月 月照とともに大坂から海路、帰藩。11月 大崎ヶ鼻沖の海に月照とともに身を投じ、救助されて蘇生する（月照は死亡）。12月 大島（奄美大島）流謫の藩命を受け、鹿児島を発航。	える。4月23日 井伊直弼、大老に就任。6月 日米修好通商条約調印。7月 徳川斉昭、謹慎処分となる。9月 安政五カ国条約調印。梅田雲浜逮捕（翌年、獄死。安政の大獄始まる）。
一八五九	六	1月 大島出航の前、大久保利通らの義挙の書に答えて返書をしたためる。2月 大島で佐栄志の娘愛子（龍愛加那）を妾とする。	6月 横浜開港。10月 橋本左内・吉田松陰、刑死。
一八六〇	万延 元	秋、在島中の扶持米として十二石を増給される。	3月 桜田門外の変（大老暗殺）。
一八六一	文久 元	1月 庶子菊次郎誕生。12月 藩より召還命令を受ける。	10月 和宮、将軍家茂に降嫁。
一八六二	二	2月 帰藩し、旧職に復す。3月 島津久光の上洛に際し、村田新八とともに下関まで先発。その後、独断で大坂に出る。4月 久光に上坂の罪を問われ、村田とともに鹿児島に護送される。6月 徳之島に流謫される。7月 庶子菊子誕生。8月	1月 坂下門外の変（老中安藤信正、水戸浪士の襲撃で負傷）。4月 京都伏見で寺田屋騒動。8月 生麦事件起こる。

一八六三	三	沖永良部島に流謫される。7月　英国艦隊が鹿児島に来襲すると聞き、帰国を思い立つが、艦隊退去の報を聞き、断念する（薩英戦争）。	5月　長州藩、外国船を砲撃。8月　八月十八日の政変。
一八六四	元治　元	2月　赦免帰藩。3月　上京し、軍賦役となる。7月　禁門の変に薩摩藩兵を指揮して戦う。9月　大坂で勝海舟と初めて会う。10月　側役となる。禁門の変の戦功で、藩主忠義より感状・太刀などを賜る。11月　征長軍総督として岩国に行き、長州藩に対する寛大な処分を行う。	6月　新選組、池田屋を襲撃。7月　禁門の変が起こり、幕府、長州藩追討を西南諸藩に命令。8月　四国連合艦隊、下関を砲撃。
一八六五	慶応　元	1月　岩山八郎太（直温）の娘糸（糸子）と結婚。3月　入京。4月　長州再征出兵の幕府要請を検討するため、帰藩する（坂本龍馬を帯同）。大番頭となり、役料百八十石を給される。閏5月　中岡慎太郎を帯同して鹿児島を発し、京都に入る。9月　諸侯会議を企て、大久保利通らと周旋する。坂本龍馬とともに京都を発し、翌月帰藩。御側役・代々小番となる。10月　小松帯刀とともに兵を率いて発船、京都に入る。12月　黒田清隆らと薩摩・長州の連合をはかる。	3月　長州藩、軍制改革に着手。閏5月　土佐藩、武市半平太（瑞山）ら尊攘派を処刑。英公使パークス、横浜着任。このころ、坂本龍馬、亀山社中を設立。9月　仏公使ロッシュ、征長意見を幕府に提出。
一八六六	二	1月　小松帯刀の別邸で木戸孝允・坂本龍馬と会し、薩長連合の盟約を結ぶ。3月　小松・坂本らを連れ、帰藩。4月　藩政改革・陸海軍拡張を進	6月　第二次征長の役始まる。12月　一橋慶喜、将軍宣下。孝明天皇、崩御。

西暦	和暦	おもな事績	社会の動き
一八六七	三	める。7月　嫡子寅太郎誕生。9月　大目付・陸軍掛となる。 2月　久光・忠義父子に薩摩・土佐・越前・宇和島の四藩連合を建言する。土佐の山内容堂・宇和島の伊達宗城に上京をうながす。3月　久光に従い兵を率いて進発、翌月入京。6月　山県有朋に討幕の決意を伝える。小松・大久保とともに、坂本・中岡・後藤象二郎と会談、薩土盟約を結ぶ。10月13～14日　薩長二藩に討幕の密勅が下る。14日　徳川慶喜、大政奉還。11月　藩主忠義を奉じ、大兵を率いて入京。12月6日　王政復古のクーデターを9日と決する。9日　王政復古の大号令が発せられる。12日　大久保とともに新政府参与となる。28日　大久保らと討幕の策を協議し、岩倉具視に進言する。	3月　将軍慶喜、英仏蘭（のち米も）の代表と会見し、兵庫開港を確約。4月　亀山社中、海援隊（隊長坂本龍馬）となり、土佐藩に属す。6月　坂本龍馬、「船中八策」を後藤象二郎に示す。7月　中岡慎太郎、陸援隊を結成。11月　坂本・中岡、暗殺される。
一八六八	明治　元	1月　鳥羽伏見の戦いに軍を指揮する。2月　大総督府参謀として東下。3月　勝海舟と会見。徳川氏処分を委任され、江戸城総攻撃の中止命令を出す。4月　江戸城を接収。8月　北越出征。11月　鹿児島に凱旋。	1月　鳥羽伏見の戦い（戊辰戦争）。8月　会津戦争。9月8日　明治と改元。
一八六九	二	1月　朝廷より召されるも、辞退する。2月　参政として藩政に携わる。5月　函館に出陣する	1月　薩長土肥の四藩主、版籍奉還を上奏。5月　五稜郭

		が、すでに平定により、空しく帰藩する。6月　賞典禄二千石を下賜される。9月　正三位に叙せられるが、辞退する。	の榎本武揚ら降伏。
一八七〇	三	1月　参政を辞し、藩政顧問となる。7月　鹿児島藩大参事に就任する。12月　岩倉・大久保ら勅使として来り、上京をうながす。	8月　欧州より帰国の山県有朋、軍制改革に着手。
一八七一	四	1月　大久保・木戸らに薩長土三藩の連合を説く。3月　藩主忠義とともに兵を率いて上京。6月　木戸とともに参議に就任する。	7月　廃藩置県。11月　岩倉使節団、欧米へ出発。
一八七二	五	5月　西国巡幸に供奉して東京を発艦、伊勢神宮・京都を経て、翌月、鹿児島入り。7月　陸軍元帥・近衛都督を拝命。11月　鹿児島に帰郷。	3月　御親兵を廃し、近衛兵を置く。8月　学制を制定。
一八七三	六	4月　上京。5月　陸軍大将・参議に就任。8月　閣議で遣韓大使を決定する。10月　閣議で遣韓が決定するも、欧州より帰国した岩倉具視・大久保利通らの反対でくつがえる。参議を辞職（板垣退助・副島種臣・江藤新平・後藤象二郎もこれに続く）。11月　鹿児島に帰郷。	1月　太陽暦を採用（明治五年十二月三日を明治六年一月一日とする）。徴兵令を定める。7月　地租改正条例を布告。
一八七四	七	3月　佐賀の乱に敗れた江藤新平来るも、これを拒む。4月　征台総督となった弟従道の要請を受け、兵三百を与える。6月　私学校・砲隊学校を創設する。	2月　佐賀の乱（4月、江藤新平処刑）。4月　板垣退助、立志社を興す。
一八七五	八	5月　三条実美の上京要請を拒む。11月　県令大	6月　讒謗律・新聞紙条例定

西暦	和暦	おもな事績	社会の動き
		山綱良の求めに応じ、県政を改革する。	まる。9月　江華島事件。
一八七六	九	3月　島津久光の上京要請を拒む。	10月　神風連・秋月・萩の各乱起こる。
一八七七	十	1月29～30日　私学校の生徒、政府（陸軍省）の火薬庫・火薬製造所を襲い、兵器・弾薬を略奪する。報せを聞いて、大隅より急ぎ帰宅。桐野利秋ら、決起をうながす。2月　政府の密偵六十余名、県吏に捕縛される。政府問責の兵を率いて鹿児島を発し、熊本城を包囲する。3月　田原坂の戦いに敗れる。9月　鹿児島に帰り、城山に籠城する。9月24日　官軍の総攻撃を受け、被弾。別府晋介に介錯させる（五十一歳）。	1月　地租を一〇〇分の二・五に軽減。2月　西南戦争始まる。5月　木戸孝允没。8月　第一回内国勧業博覧会、東京上野公園で開催（～11月）。
一八八九	二十二	2月　罪を赦され、正三位を追贈される。	2月　憲法発布につき大赦。

◉上杉鷹山・略年譜

西暦	和暦	おもな事績	社会の動き
一七五一	宝暦 元	7月20日 日向国（宮崎）高鍋藩主秋月種美（三万石）の二男として、同藩の江戸屋敷に生まれる。幼名、松三郎（のち直松）。母は黒田甲斐守長治（はじめ長貞）の娘春姫。	4月 越後高田大地震。6月 徳川吉宗没。12月 大岡忠相没。
一七五三	三	12月 米沢藩主上杉重定（十五万石）、上野東叡山根本中堂の修理を命ぜられ（費用は五万七五七両余）、翌年、領民に人別銭を課す。	4月 幕府、諸大名に過去三年間の江戸廻米高の書上を命令。
一七五五	五	この年、大飢饉。米沢城外南原の下士、窮民を煽って城下町に乱入。	9月 足利学校、落雷で焼失。
一七五六	六	8月 米沢市街の飢民三百人余に粥を分け与える。	11月 阿波徳島藩で一揆。
一七五七	七	4月 米沢藩奉行平林正相罷免、竹俣当綱三百石削禄。	◎仙台藩、買米制を廃止。
一七六〇	十	6月 藩主重定の世子となり、直丸に改名（のち勝興）。10月 上杉家の江戸桜田邸に移る。	2月 江戸大火。会津藩、塩専売を開始。
一七六一	十一	8月 竹俣当綱、江戸家老となる。	6月 将軍徳川家重没。
一七六四	明和 元	11月 儒者細井平洲の講義を受講。12月 将軍家治にお目見得。	2月 平賀源内、火浣布を発明。
一七六五	二	11月 竹俣当綱、奉行（執政）となる。	12月 検校の高利貸を禁止。
一七六六	三	7月 元服。従四位下に叙して弾正大弼に任ぜられ、治憲と改名する。	1月 美濃大垣で西濃騒動。

西暦	和暦	おもな事績	社会の動き
一七六七	四	1月 重定、江戸浅草火防役を命ぜられる。2月 藩医藁科松伯を師として素読に励む。4月 重定隠居にともない家督を相続し、第九代米沢藩主となる。9月 藩士に向こう十年間の大倹約を命じ、重臣と近習との間に対立が深まる。11月 江戸増上寺の火防役を命ぜられる。	7月 田沼意次、側用人となる。8月 山県大弐・藤井右門を死刑、竹内式部を八丈島に流罪とする（明和事件）。
一七六九	六	1月 莅戸善政を町奉行に抜擢する。8月 幸姫（十七歳）と結婚する。藁科松伯没。10月 米沢に初入部。この年、博奕死刑令を出す。	10月 青木昆陽没。賀茂真淵没。
一七七〇	七	6月 式部勝延（四代藩主綱憲の六男）の娘お琴（翌年、お豊と改名）を側室とする。8月 上杉家の庶務例格の調査・編集を始める。	4月 徒党・強訴・逃散禁止令。10月 江戸質屋株を定める。
一七七一	八	2月 細井平洲に十人扶持を給する。5月 平洲、初めて米沢に下向。12月 郡奉行役場を復活させ、郷村頭取・郡奉行を任命する。	3月 前野良沢・杉田玄白ら、江戸で刑死者の解剖を見る。
一七七二	安永元	3月 遠山村で籍田の礼を行う。9月 莅戸善政を小姓頭に抜擢する。九郷五代官の世襲制を廃止。郷村出役十二人を置く。	1月 会津藩で藩政改革始まる。2月 江戸大火。
一七七三	二	6月 旱魃にあえぐ北条郷を視察する。7月 奉行千坂対馬ら重臣七人、改革政治に異を唱えて強訴、竹俣当綱らの退役を求める（七家騒動）。9月 七家騒動の指導者・藁科立沢を斬首。志賀祐	閏3月 飛騨で新検地反対の一揆（大原騒動）。9月 江戸炭薪仲買組合以外の営業を禁止。

一七七四	三	親・馬場次郎兵衛を江戸にやり、農業技術を研究させる。6月 北寺町に備籾蔵を建てる。この年、藩の「会計一円帳」を作成。	8月『解体新書』刊行。
一七七五	四	5月 下長井開墾地を視察する。9月 樹芸役場を設置し、漆・桑・楮の各百万本の植立に着手する。10月 二の丸長屋に武芸稽古所を設置。この年、細井平洲の紹介により、儒者渋井孝徳を招く。	3月「日本輿地路程全図」完成。10月 困窮を理由に仙台藩の普請役を免除。
一七七六	五	9月 細井平洲、米沢を訪れ、この春再興した学館を興譲館と命名し、学制を制定する。11月 縮役場を設置。	11月 平賀源内、エレキテル完成。◎上田秋成『雨月物語』刊行。
一七七七	六	2月 細井平洲、米沢で町人に、小松で農民に講話をし、江戸に帰府。3月 江戸の細井平洲宅を訪ね、興譲館創設の尽力を謝す。8月 川井小路に備籾蔵（義倉）を建てる。	5月 農民の江戸出稼ぎを制限。◎三原山大噴火（〜一七七九）。
一七七八	七	7月 記録所設立。8月 重定のため、江戸の能役者を招く。	2月 高鍋藩校明倫堂設立。
一七八〇	九	この年、孝養・力田の奇特者二十余名を表彰する。	8月『都名所図会』刊行。
一七八二	天明 二	3月 幸姫病没。9月 世子喜平次勝憲（重定の四男）、元服して中務大輔に任ぜられ、治広と改名する。10月 お豊との間に生まれた第一子・直丸を治広の養子とする（顕孝と改名）。奉行竹俣当綱を不謹慎の理由で隠居・押込に処する。	7月 幕府、印旛沼開拓に着手。11月 幕府、定飛脚問屋株を許可。広島藩校修道館設立。

西暦	和暦	おもな事績	社会の動き
一七八三	三	11月　莅戸善政致仕。12月　重定の隠殿（南山館）焼失。この年、大凶作で損耗十一万余石。備籾蔵・義倉より払米を行う。	7月　浅間山大噴火。◎諸国大飢饉。
一七八四	四	3月　凶作につき、脚気を理由に参府を引き延ばす。6月　霖雨止まぬため、春日社・白子社に大祭を命じ、御堂に籠り断食して祈願する。8月　備荒貯蓄二十年計画（籾五千俵、麦二千五百俵）を定める。	3月　田沼意知、江戸城中で刺殺。4月　幕府、米の売り惜しみ、徒党・打ち壊しを禁ずる。
一七八五	五	2月6日　退隠して、越前守を名乗る。翌日、治広に家督を譲り、人君の心得三カ条「伝国之辞」を与える。6月　重定、二の丸の新隠殿（偕楽館）に移る。9月　落成した三の丸の隠殿（餐霞館）に顕孝とともに移る。	9月　山城伏見の町人、奉行の苛政を幕府に越訴する。12月　大坂町人らに御用金を課す。
一七八六	六	この年、凶作につき損耗七万余石。	7月　関東・陸奥で大洪水・大凶作。
一七八七	七	4月　六老（中の間年寄）志賀祐親の意見を容れ、元締役場・樹芸役場を廃し、役所に併合する。9月　実父種美没。将軍家斉から、在職中の善政を賞される。	4月　徳川家斉、将軍宣下。5月　諸国で打ち壊し。6月　松平定信、老中首座となる。
一七八八	八	3月　治広、江戸浅草火防役を命ぜられる。	3月　松平定信、将軍を補佐。
一七八九	寛政元	4月　近江定興（重定の三男）に『学問大意』を贈る。	9月　諸大名に囲米を命令。

一七九〇	二	6月　御蔵元逼迫につき、国事に対する意見書を家臣に求め、10月ごろ、莅戸善政、藁科立遠、『管見談』を上呈する。9月　莅戸善政、鷹山の言行録『翹楚編』を撰出する。10月　奉行中条至資が上府し、国政大改革について治広に進言する。	2月　幕府、物価引下げを命令。5月　幕府、湯島聖堂で朱子学以外の学問の講義を禁ずる（寛政異学の禁）。
一七九一	三	1月　莅戸善政に再勤を命じ、中老に任じる。3月　志賀祐親を追放する。大手門前に上書箱を置く。5～6月　諸有司の整理と役所の統廃合を行い、政費の半減を役人に命ずる。8月　肝煎を代官任命とし、集会・文書の順序は持高順と定める。12月　博奕死刑令をゆるめる。	1月　幕府、江戸市中の銭湯での男女混浴を禁止。9月　尾藤二州、幕府儒者となる。◎林子平『海国兵談』刊行。
一七九二	四	8月　江戸から本草学者佐藤平三郎を招く。郷村出役六人を再び任命。11月　御国産所を設けて国産品の利用を奨励する。年少の結婚と諸士の二男・三男の土着を奨励する。	5月　幕府、林子平に蟄居を命じ、『海国兵談』を絶版とする。11月　尊号一件。
一七九三	五	11月　医学館「好生堂」を設立。この年、検地帳を改め、名寄帳を整備。	7月　松平定信、老中を辞職。
一七九四	六	3月　国産織物を江戸三谷家の手代志摩屋の専売とする。閏11月　莅戸善政を奉行に任命する。	10月　幕府、十年間の倹約を命令。
一七九五	七	3月　世子宮松のために『蒙養訓』を著す。6月　六老の黒井半四郎が手がけた北条郷の堰が完成。11月　赤湯村の遊女を禁止する。	11月　南部藩盛岡南方の農民、新税に反対して強訴。
一七九六	八	9月　細井平洲、米沢来訪。12月　興譲館の東に	12月　津城下で打ち壊し。

西暦	和暦	おもな事績	社会の動き
一七九七	九	友于堂を建設。11月 異国船防備のため、三年間の大倹約令を布達する。	12月 湯島聖堂、官立となる。
一七九八	十	3月 重定没（七十九歳）。	12月 幕府、米札乱発を禁止。
一七九九	十一	この年、毎月一日を報恩日と定め、その日の収入を貯蓄させる。	◎江戸・大坂で打ち壊し。
一八〇〇	十二	この年、近臣のために『朝夕論』を著し、政務を激励する。	3月 昌平坂学問所竣工。
一八〇一	享和 元	2月 農民・町人の伍什組合制度を定める。6月 細井平洲没（七十四歳）。	10月 会津藩校日新館設立。
一八〇二	二	11月 総髪とし、鷹山と号す。『かてもの』を刊行し、領内に配る。	2月 幕府、蝦夷奉行（のちの箱館奉行）を置く。
一八〇三	三	12月 莅戸善政没（六十九歳）。	6月 出羽大地震。
一八〇四	文化 元	2月 莅戸政以を奉行に任じる。戸籍を偽った諸士数百人を処分する。	7月 米国船、長崎に来航。
一八〇六	三	2月『養蚕手引』を刊行し、希望者に頒布する。この年、世子定祥（斉定）の師として、幕府儒者古賀精里を招く。	2月 白米の江戸廻送が禁止。10月 五代目市川團十郎没。
一八〇七	四	12月 青苧一件に関し、近習須田満丈らを処分する。	12月 ロシア船打払令。
一八〇八	五	4月 治広の二女お貞の縁定にあたり、「桃の嫩葉」の祝言を贈る。	4月 間宮林蔵、樺太に到着。

一八〇九	六	10月　手許金で細井平洲の遺稿集『嚶鳴館遺稿』を板行する。	6月　樺太を北蝦夷地と改称。
一八一〇	七	3月　莅戸政以、『政体邇言』を著し、9月に斉定に上呈する。	12月　大坂の豪商に御用金。
一八一二	九	9月　治広、中風のため隠居し、斉定が家督を相続する。	8月　高田屋嘉兵衛、拿捕。
一八一八	文政　元	7月　旱魃のため、斉定に代わり林泉寺へ参詣する。	4月　伊能忠敬没。
一八二〇	三	2月　鷹山七十歳、お豊の方八十歳の宴を餐霞館で催し、家中・町在の七十歳以上の者全員に酒樽を贈る。この年、青苧専売を実施。	12月　幕府、相模沿岸の警備を浦賀奉行に命ずる。
一八二一	四	12月　お豊の方没（八十一歳）。	◎「大日本沿海輿地全図」完成。
一八二二	五	3月12日　病没（七十二歳）。	8月　相馬大作、処刑される。
一八七二	明治　五	10月　藩祖謙信とともに上杉神社に祀られる。	8月　学制を制定。
一九〇二	三十五	4月　上杉神社から移され、摂社松ヶ岬神社に祀られる。	1月　ロンドンで日英同盟調印。

◉二宮尊徳・略年譜

西暦	和暦	おもな事績	社会の動き
一七八七	天明 七	7月23日 父利右衛門・母よし（好）の長男金次郎として、相模国小田原在（足柄上郡）栢山村に生まれる。	5月 江戸で米屋の打ち壊し。6月 松平定信、老中首座就任。
一七九〇	寛政 二	8月 弟友吉（常五郎、のち三郎左衛門）誕生。	5月 湯島聖堂で朱子学以外、禁止。
一七九一	三	8月 酒匂川が氾濫し、二宮家の耕地の多くが荒地となる。	1月 江戸の銭湯で混浴禁止。
一七九六	八	1月 大久保忠真、小田原藩主となる。	12月 津城下で打ち壊し。
一七九九	十一	12月 次弟富次郎（富太郎とも）誕生。	◎江戸・大坂で打ち壊し。
一八〇〇	十二	9月 父利右衛門没。このころ、『大学』などを読みはじめる。	3月 昌平坂学問所竣工。
一八〇二	享和 二	4月 母よし没。6月 酒匂川の氾濫で田畑流失。弟の友吉（十三歳）・富次郎（四歳）を母の実家に預け、伯父二宮万兵衛方に寄食する。	2月 幕府、蝦夷奉行（のちの箱館奉行）を置く。
一八〇三	三	春、荒地に油菜を植える。この年、用水堀の空地に棄苗を植え、米一俵余を得たという。	7月 米国船、長崎に来航。10月 蘭学者前野良沢没。
一八〇六	文化 三	この年、生家に戻る。質入地九畝十歩を受け戻す。	2月 白米の江戸廻送が禁止。
一八〇九	六	8月 総本家再興の基金をつくる。	6月 樺太を北蝦夷地と改称。
一八一〇	七	10月 江戸へ行く。11月 伊勢・京・大坂・金比羅（琴平）などを巡拝する。この年、所有地一町	12月 幕府、大坂の豪商十四名に御用金を課す。

一八一二	九	四反余となり、一家再興を果たす。この年より三年間、小田原藩士服部十郎兵衛の中間となる。	8月　高田屋嘉兵衛、拿捕。
一八一五	十二	2月　服部家から戻る。12月　「服部家御家政取直仕法帳」を起草する。	4月　杉田玄白『蘭学事始』完成。
一八一七	十四	2月　中島弥之右衛門の娘きの（十九歳）と結婚する。	5月　古賀精里没。
一八一八	文政元	3月　服部家の家政回復の仕法を引き受ける。8月　藩主大久保忠真、老中となる。11月　酒匂川河原で、大久保忠真から仕法の表彰を受ける。農政六カ条が公布される。	4月　伊能忠敬没。12月　幕府、近江大津の豪商に御用金を課す。
一八一九	二	1月　長男徳太郎誕生（2月没）。3月　妻きのと離別。	◎塙保己一『群書類従』刊行終了。
一八二〇	三	4月　飯泉村岡田峯右衛門の娘波（十六歳）と結婚。9～10月　藩主に年貢枡の改正を建議。11月　藩家老に五常講を上申する。	◎米沢藩、青苧専売を始める。12月　松前奉行廃止。
一八二一	四	9月　嫡男弥太郎（尊行）誕生。12月　服部家の第一回仕法完了。	◎「大日本沿海輿地全図」完成。
一八二二	五	3月　宇津家の桜町領仕法を命ぜられる（五石二人扶持名主役格）。	◎大蔵永常『農具便利論』を記す。
一八二三	六	3～5月　家・田畑・道具を売り、一家あげて桜町へ移る。	7月　シーボルト来日。
一八二六	九	5月　組頭格となり、桜町仕法の主席となる。こ	12月　藤田幽谷没。

西暦	和暦	おもな事績	社会の動き
一八二七	十	の年、富士講の教説に関心を寄せる。宇津家臣横山周平、桜町に着任。1月 横山周平、江戸に帰る。2月 病気で引きこもる。12月 豊田正作着任。桜町領人返し令を発するなど、仕法をめぐって対立が起こる。	2月 幕府、文政の改革に着手。5月 頼山陽『日本外史』成立。
一八二八	十一	2月 豊田正作が再赴任し、桜町仕法に混乱が生じる。4月 郡奉行配下から大勘定奉行配下となる。5月 横田村に出水。辞職願を提出。	10月 シーボルト事件。
一八二九	十二	1月 江戸に出たのち、4月まで消息を絶つ。2月 横山周平再任。3月 成田山に参籠祈願。豊田正作召還。4月 桜町に帰任。	3月 江戸大火。5月 松平定信没。
一八三〇	天保元	12月 江戸で宇津家の分席を立てる。	◎おかげ参り大流行。
一八三一	二	1月 大久保忠真、日光社参の途中に立ち寄った結城で、尊徳の仕法を賞讃する。この年、宇津家桜町領の第一期仕法終了。	1月 良寛没。8月 十返舎一九没。
一八三三	四	3月 青木村桜川の堤防を視察する。9月 凶作のため、桜町の米穀移出を禁じ、米穀貯蔵量の多い家には農具を与える。	◎関東・奥羽に大飢饉。米価急騰、各地で農民・町人の騒動起こる。
一八三四	五	2月 徒士格に昇進する。横山周平没。秋、『三才報徳金毛録』『為政鑑』などを著す。	◎諸国不作。米価急騰の大坂で打ち壊し。
一八三五	六	6月 細川長門守興徳と面談し、この年、細川家領の谷田部・茂木領の仕法に着手。9月 大久保	6月 仙台に大地震。柴田鳩翁『鳩翁道話』刊行。

一八三六	七	忠真、勝手掛老中となる。春より陣屋一同禁酒。7月　大磯の米問屋川崎屋孫右衛門、米価暴騰により打ち壊しにあう。9月　天性寺円応和尚の求めにより、飢饉に苦しむ烏山藩に穀類を送る。この年、二宮に下野永住の内意が下る。	◎諸国飢饉。奥羽で死者十万人。高野長英『救荒二物考』を記す。12月　幕府、関東困民騒動鎮圧方を命令。
一八三七	八	2月　小田原藩に凶饉救済の仕法を始める。大久保忠真、御手元金千両を下賜。3月　大久保忠真没。6月　烏山藩の仕法に着手。12月　桜町領の仕法終了、三村を引き渡す。この年、細川長門守興徳没。	2月　大塩平八郎の乱。4月　将軍家斉、西の丸に退隠。6月　モリソン号事件。
一八三八	九	2月　小田原領鴨宮の三新田の仕法を始める。12月　川崎屋孫右衛門の仕法を行い、大磯一円に広がる。下館藩の復興仕法に着手する。この年、細川興建の大番頭として大坂に赴任したため、仕法は中断。	閏4月　幕府、倹約令を出す。10月　高野長英『戊戌夢物語』を著す。◎渡辺崋山『慎機論』を著す。
一八三九	十	9月　富田久助（高慶）入門。川副家領九カ村の仕法を頼まれる。	5月　蛮社の獄始まる。
一八四〇	十一	1～6月　小田原付近の仕法を行う。6月　伊豆韮山代官江川太郎左衛門の招聘を受け、多田家の再興仕法を行う。7月　桜町に帰る。	5月　売薬看板のオランダ文字禁止。6月　アヘン戦争（～一八四二）。
一八四一	十二	7月　寺門静軒が桜町陣屋を訪れ、逗留する。	5月　幕府、天保改革令を布告。

西暦	和暦	おもな事績	社会の動き
一八四二	十三	5月 小田原藩、倹約令を出す。7月 安居院庄七が桜町陣屋を訪れ、教えを請う。9月 小田原藩、農民の他国への流出を戒める。10月 水野忠邦より出頭命令。御普請役格として幕府に登用され、利根川分水路見分目論見御用・手賀沼悪水掘割水盛見分御用を命ぜられる。	3月 幕府、物価引下げ令を出す。7月 三座以外の芝居興行禁止。幕府、異国船打払令を緩和し、薪水給与令を布告。
一八四三	十四	1月 幕領大生郷村（下総国岡田郡）を検分。4月 小田原町民に民業回復策を与え、小田原仕法組合（のちの小田原報徳社）が始まる。7月 御勘定所付御料所陣屋手付となる。9月 「荒地開墾安民法」上呈。	6月 幕府、印旛沼の開墾を庄内藩などに命じる。閏9月 水野忠邦、老中罷免。
一八四四	弘化 元	4月 古河藩家老鷹見泉石宅で世界地図を見る。日光神領の荒地起し返し（開発）の仕法調査を命ぜられる。	6月 印旛沼開墾中止。水野忠邦、再び老中となる。
一八四五	二	1月 日光神領の仕法書起草のため滞在中の海津伝兵衛宅が類焼し、宇津宅に移る。この年、斎藤高行・福住正兄が入門。	6月 幕府、オランダ国王の開国勧告を拒絶。
一八四六	三	2月 下館領内の灰塚・下岡崎・蕨の三村に仕法を始める。3月 旧主大久保忠真の十年祭を私的に行う。6月 「日光再興策御仕法雛形」六十巻を脱稿し、献上する。7月 小田原藩が報徳仕法の廃止を決め、領民との往来を禁じられる。11月	2月 伊豆韮山代官江川太郎左衛門、伊豆七島を巡視し、「海防意見書」を幕府に提出する。孝明天皇即位。◎諸国の外国船、通商を要求。

一八四七	四	安居院庄七、遠州（静岡）に赴き、報徳の思想を広める。3月　遠州下石田村の神谷与平治ら、下石田報徳社をつくる。5月　幕府勘定奉行より、小田原藩からの報徳金・謝礼金の返却に応じてよいとの沙汰が下る。御勘定所付御料所陣屋手付を免ぜられ、真岡代官山内董正の手付となり、東郷陣屋への転勤が決まる。12月　発病。	2月　幕府、関東沿岸防備を強化。10月　陸奥国閉伊郡の農民、南部藩の過酷な政治に抗し、遠野に越境して強訴。
一八四八	嘉永元	3月　江戸で、小田原の福山滝助と対面する。9月　一家あげて東郷陣屋へ移る。12月　岡田左平次・安居院庄七の指導により、遠州牛岡に牛岡組報徳社ができる。この年、常陸国真壁郡棹ヶ島の仕法に着手。	7月　大原幽学、信州小諸に先祖株組合を結成。11月　滝沢馬琴没。
一八四九	二	1月　相馬藩近習の伊藤発身入門。	閏4月　英国軍艦、江戸湾測量。
一八五〇	三	1月　嫡男弥太郎、東郷陣屋に帰る。9月　常陸国花田村・下館領谷中村を検分し、翌月から花田村に仕法を行う。10月　『報徳克譲増益鏡』を著す。この年、真岡代官支配の十四カ村に仕法を始める。	1月　佐藤信淵没。4月　孝明天皇、七社七寺に外患を祓う祈禱を命じる。
一八五一	四	1月　日光山御貸付所に小田原藩よりの五千両余の加入を申し出る。6月　嫡男弥太郎、御用向見習を命ぜられる。7月　富田高慶、『報徳論』を	1月　土佐の漂流民・中浜万次郎、米国船で帰還。3月　江戸・大坂の窮民に米支給。

西暦	和暦	おもな事績	社会の動き
		真岡代官山内董正に差し出す。	
一八五二	五	1月 小田原領内への帰省が許され、墓参。滞在中、箱根湯本に三千本の桜苗木を植える。4月 嫡男弥太郎、高島藩士三宅頼母の長女鉸子と結婚。8月 長女文（文子）、富田高慶と結婚。	2月 大原幽学、関東取締出役の取調べを受ける。◎小林一茶『おらが春』刊行。
一八五三	六	2月 日光奉行手付となり、日光神領復興に着手。4月 発病。6月 病をおして日光山に登る。7月 長女文（文子）病没。10月 東郷陣屋に帰る。	6月 ペリー率いる米国艦隊、浦賀に来航し、開国を要求。
一八五四	安政元	2月 嫡男弥太郎、御普請役格見習に。8月 岡田良一郎入門。	3月 日米和親条約締結。
一八五五	二	4月 一家あげて今市に移る。5月 箱館奉行から、蝦夷開拓につき、門人の派遣を要請される。11月 日光山の法親王から賞される。	10月 江戸に大地震（安政の大地震）。
一八五六	三	2月 御普請役に昇進し、三十俵三人扶持となる。10月20日 病没（七十歳）。今市の星顕山如来寺に葬られる。11月 富田高慶、『報徳記』を著す。	8月 米総領事ハリス、伊豆下田に領事館を開く。

◉中江藤樹・略年譜

西暦	和暦	おもな事績	社会の動き
一六〇八	慶長　十三	3月7日　近江国高島郡小川村（現・滋賀県高島市安曇川町上小川）に生まれる。字は惟命（通称、与右衛門）。父は吉次（通称、徳右衛門）、母は北川氏の娘市。	10月　尾張藩、総検地。12月　永楽銭の通用を再び禁ずる。
一六一五	元和　元	このころ、田舎の卑俗な風習に染まることなく、また同年代の子どもに同化することもなく育つ。	5月　大坂城落城（豊臣氏滅亡）。7月　「武家諸法度」制定。
一六一六	二	米子城主加藤貞泰に仕える祖父吉長（通称、徳左衛門。百石）が小川村に来村。その希望により、父母の許を離れて祖父の養嗣となり、伯耆国（鳥取）米子へ赴く。少しも悲しむことなく、祖父母によく仕え、学問の大切さを知る祖父のすすめで文字の読み書きを習いはじめる。一年も経たないうちに上達し、人びとを驚嘆させる。	3月　徳川家康、太政大臣となる。4月　家康没。7月　徳川秀忠、松平忠輝を改易。天海、大僧正となる。
一六一七	三	藩主加藤貞泰の転封にともない、祖父とともに伊予国（愛媛）大洲（六万石）に移る。冬、祖父吉長が風早郡の郡奉行（代官）となり、従って風早郡に移る。祖父のすすめで私塾に入り、『庭訓往来』『貞永式目（御成敗式目）』などを学ぶ。	2月　故家康に東照大権現の神号を授ける。8月　後陽成天皇崩御。◎狩野探幽、幕府の絵師となる。
一六一八	四	この年、『大学』を読み、正心・修身・斉家（家	1月　幕府、大奥に壁書（大

西暦	和暦	おもな事績	社会の動き
		をととのえること）など儒学のすばらしさに感激し、志を立てる。	奥法度）を出す。
一六一九	五	この年、食事の際、父母の恩、祖父の恩、君の恩のありがたさを忘れることのないよう心に刻み込む。	6月 福島正則改易。
一六二〇	六	祖父吉長、来島を根城とする海賊衆の牢人（地侍）某に襲われるが、格闘の末にこれを討ち果たす。9月 牢人某の子、怨みを晴らさんと仲間と夜襲をかけるが、藤樹の沈着・豪胆な対処の前に退散する。冬、任期満了の祖父に従って大洲に帰る。	6月 秀忠の娘和子、入内。8月 支倉常長帰国。◎林羅山、朱子の『詩経集伝』に訓点する。
一六二一	七	祖父を訪ねた家老大橋氏（作右衛門重之か）の話に耳を傾けるも、学ぶところなしと感じる。曹渓院天梁和尚につき、習字・漢詩・連句を学ぶ。8月 祖母（小島氏）病没（六十三歳）。	7月 外国人の日本人売買・武器輸出・海賊行為を禁止する。
一六二二	八	元服する。9月 祖父吉長没し（七十五歳）、家督を相続する。	8月 元和大殉教。
一六二三	九	藩主加藤貞泰病没し、子の泰興が相続。泰興の弟直泰に一万石が分知され、分知付に内定する。	7月 徳川家光、征夷大将軍となる。
一六二四	寛永元	夏、京都から来た禅僧の『論語』の講義（上論のみ）を聞き、啓発される。禅僧帰京後、『四書大全』四十二巻を買い求め、独学で読みはじめる。	4月 林羅山、家光の侍講となる。11月 女御徳川和子、中宮となる。◎江戸に霊岸島

		百回ほど読んでようやく理解し、以後、『論語』『孟子』もよくわかるようになる。	が築かれる。
一六二五	二	1月　父吉次病没。小川村に帰省し、4月に大洲に帰る。	◎日光杉並木の植樹が始まる。
一六二六	三	風早郡の郡奉行に登用される。	9月　上野東照宮建立。
一六二七	四	このころ、朱子学に傾倒し、格套（格法）を理解し実践する。夏、儒学の礼法に則って、祖父を祀る。この年、大洲藩士中川貞良ら門人にはじめて『大学』を講義する。	4月　今井宗薫没。9月　幕府、オランダ使節を無礼の理由で追い返す。
一六二八	五	この年、初学者のために『四書大全』を手本とした『大学啓蒙』を著すも、その内容があまりに未熟として破り捨てる。	5月　ポルトガルと断交。7月　オランダと断交。
一六二九	六	同僚の集う部屋に入ったとき、某（荒木氏か）に「孔子殿がまいられた」とからかわれ、「文を学ぶことは武士の道なり」と面罵する。この年、小川村に帰省する。	7月　紫衣事件。9月　「武家諸法度」改定。11月　後水尾天皇譲位。
一六三〇	七	「安昌玄同を弑するの論」を著す。	7月　牢人を山城国から追放。
一六三一	八	「林氏剃髪受位弁」を著し、林羅山を批判する。	6月　奉書船が規定される。
一六三二	九	春、母を大洲に呼び寄せようと小川村に帰省するが、老齢ゆえに同意が得られず、帰国する。帰路の船中で喘息を患う。この年、新谷藩分封により、藩主加藤泰興の弟直泰に仕える。	1月　徳川秀忠没。◎徳川義直、林羅山の忍岡別荘に先聖殿を建てる。
一六三三	十	1月　『韓詩外伝』を読み、母を思う詩「癸酉之	3月　黒田騒動に裁断下る。

西暦	和暦	おもな事績	社会の動き
一六三四	十一	歳旦」をつくる。10月 脱藩し、京都に入って百日余、藩主の沙汰を待つ。咎めなきことを確かめて、小川村に帰郷する。百銭の銀で買った酒や、刀を売って得た銀十枚（約八・六両）で米を買い、生活の足しとする。	5月 長崎に出島が築かれる。8月 譜代大名の妻子を江戸に置かせる。
一六三五	十二	この年、京都で『易学啓蒙』を買い求め、帰郷して占筮・易の研究に没頭する。聖像賛をつくる。	5月 外国船の入港・貿易を長崎・平戸に限り、海外渡航禁止。
一六三六	十三	秋、京都で大洲藩士池田某（与兵、与兵衛とも）らと会う。この年、大洲藩士小川覚や村人らが門に集う。神農像賛をつくる。	5月 鎖国令発布。8月 箱根関所の法度が定まる。
一六三七	十四	この年、高橋氏の娘（久または久子）を娶る。	10月 天草・島原一揆起こる。
一六三八	十五	この年、谷川惟直（玄朴）・惟照兄弟（養嗣子とも）、来学する。来学した大野了佐（新谷藩士大野勝介久次の二男。のちの号は尾関友庵）に『医方大成論』をすすめるも、覚えが悪いため、『捷径医筌』を著して与える。大洲藩士中川貞良・吉田守正、来訪して教えを請う。夏ごろ、『持敬図説』『原人』を著す。	1月 原城攻めの板倉重昌戦死。2月 原城陥落。4月 島原・唐津の両城主を改易。11月 土井利勝・酒井忠勝を大老とする。
一六三九	十六	春（または夏）、「藤樹規」ならびに「学舎座右銘（文集では「学舎坐右戒」）」をつくり、門人に示	2月 在住オランダ人の妻子を追放する。7月 ポルトガ

		す。3月 伊予から山田見陽（通称、九右衛門）来訪し、医学を学ぶ。4月 伊予から中川謙叔（貞良の弟）来学する。夏、門人とともに竹生島に遊ぶ。翌年にかけて『小学』を講じる。秋、『論語』を講じ、注解『論語郷党啓蒙翼伝』を著すも、病を得て中断を余儀なくされる。	ル船の来航を禁止し、長崎来航のポルトガル船を帰国させる（鎖国の完成）。8月 江戸城本丸焼失。
一六四〇	十七	夏以降、『孝経』を毎朝拝誦する。この年、『性理会通』を読み、毎月一日、太乙神（天帝）を祀る。太乙神の霊徳を述べた『太乙神経』を著そうとしたが、病のため中断する（文集に「大上天尊大乙神経序」が残る）。秋、『翁問答』を執筆する（内容に納得せず、のちに改訂）。冬、『王龍渓語録』を読んで啓発され、陽明学の要諦をつかむ。	1月 大名・旗本に倹約を励行させる。4月 江戸城本丸再建。7月 生駒高俊改易。9月 平戸オランダ商館の西暦を刻んだ倉庫を破壊させる。
一六四一	十八	夏、伊勢大神宮に参詣する。秋、『孝経』の注釈書『孝経啓蒙』を起筆するも、病により中断。7月および9月 熊沢伯継（蕃山）来訪、業を受けることを許される。この年、格法主義の非なることを悟る。嘿軒と号す。	4月 オランダ商館を平戸から長崎出島に移す。◎岡山藩、花畠教場を創設（藩学の始め）。
一六四二	十九	春、中村叔貫（岡山藩士中村又之丞と同一人物か）来学。このころ、『孝経』の講義に専念し、「愛敬」について熱弁する。11月 嫡男虎（幼名、虎之助。字、宜伯。通称、太右衛門）生まれる（これより前に二男一女があったが、みな夭	3月 佐賀藩に長崎警固番を命ずる（翌年、福岡藩にも命ずる）。5月 譜代大名にも参勤交代を命ずる。

西暦	和暦	おもな事績	社会の動き
		折）。	
一六四三	二十	この年、医学書『小医南針』（原本は散逸）を撰述する。秋、伊勢神宮の御師・中西常慶（通称、孫右衛門）が来学し、冬に『詩経』の講義を受け、弟子となる。清水季格来学。	3月　田畑永代売買を禁止。7月　家光、朝鮮通信使を引見。9月　「寛永諸家系図伝」成る。
一六四四	正保　元	春、医学書『神方奇術』（写本で伝わる）を撰述する。4月　加世季弘来学。8月　岩田仲愛（熊沢蕃山の弟）来学。『陽明全集』（『陽明先生集要』十五巻・年譜一巻十二冊か、『王文成公全書』三十八巻か、不明）を読み、「心事元是一也」の確たる信念を得て、自己の学問と人生の完成に邁進する。	1月　代官の手作を禁止。10月　林羅山『本朝編年録』を撰出。12月　郷村高帳・国絵図をつくらせる（正保の郷帳・国絵図）。
一六四五	二	11月　経書の重要語句の注解を始めるが、病のため中断する。	5月　宮本武蔵没。
一六四六	三	1月　二男鐺（幼名、鐺之助。字、仲樹。通称、藤之丞）誕生。4月　妻久病没（二十六歳）。	3月　家光の奏請で日光奉幣使を発遣（日光例幣使の始まり）。
一六四七	四	9月　別所氏の娘布里を娶る。秋、『鑑草』刊行。この年、岡山藩主池田光政の招聘を辞退する。	2月　小堀遠州没。
一六四八	慶安　元	春、藤樹書院落成。7月　三男弥（字、季重・常省。通称、弥三郎）誕生。8月25日　病没（四十一歳）。熊沢蕃山、藤樹の死を弔う。	6月　江戸町奉行への公事訴訟の手続きを定める。

一六五〇	三	この年、『翁問答』刊行。	◎熊沢蕃山、番頭（三千石）となる。

◉日蓮・略年譜

西暦	和暦	おもな事績	社会の動き
一二二二	貞応　元	2月16日　安房国（千葉）長狭郡東条郷小湊の漁家に生まれる。	4月　守護・新地頭の所務決定。
一二二四	元仁　元	この年、親鸞、『教行信証』を著し、浄土真宗を開く。	6月　執権北条義時没。
一二二七	安貞　元	8月　幕府、専修念仏を禁止。秋、道元が帰国し、曹洞宗を伝える。	4月　西国で悪党蜂起。
一二三三	天福　元	5月　清澄山に登り、道善房の弟子となる。虚空蔵菩薩に「日本第一の智者となさしめ給え」と立願する。この年、修行と学問に励む。	春ごろ、道元、興聖寺を創建。
一二三七	嘉禎　三	この年、道善房のもとで出家し、是聖房蓮長となる。	3月　近衛兼経、摂政となる。
一二三八	暦仁　元	11月　清澄寺で『授決円多羅義集唐決』を書写する。	2月　将軍頼経、上洛。
一二三九	延応　元	この年、鎌倉に遊学し、浄土宗・禅宗を学ぶ。	2月　後鳥羽上皇、隠岐で崩御。
一二四二	仁治　三	この年、清澄寺に帰り、『戒体即身成仏義』を著す。比叡山に登り、南勝房俊範に師事する。	6月　執権北条泰時没。8月　円爾、東福寺に招かれる。
一二四八	宝治　二	このころから、諸方を遊歴し、勉学に励む。	5月　盗人罪科の軽重が定まる。
一二五一	建長　三	11月　『五輪九字明秘密釈』を書写する。この	2月　鎌倉大火。

		年、しきりに諸寺諸山を訪れる。	
一二五二	四	この年、再び比叡山に登る。	8月　鎌倉大仏鋳造開始。
一二五三	五	春、比叡山を下りて清澄寺に帰る。4月28日　はじめて「南無妙法蓮華経」と唱え（立教開宗）、日蓮と名乗る。その後、地頭東条景信の迫害を避けて清澄寺を下り、小湊で父母を教化する。5月　鎌倉に入り、名越の松葉ヶ谷に草庵を結ぶ。このころ、比叡山の天台僧成弁（日昭）、弟子となる。	8月　道元没。11月　執権北条時頼、鎌倉に建長寺を開創し、宋僧の蘭渓道隆を開山に請じる。
一二五四	六	1月　浜より名越まで人家数百軒焼亡。日蓮として、辻説法による鎌倉布教を始める。6月　『不動・愛染感見記』を著し、新仏に密教の相承を授ける。東条景信と係争。9月　長雨・止雨の祈禱を行う。11月　下総国（千葉）若宮の領主富木胤継、日蓮と船で乗り合わせ、教えに深く帰依する（のち出家して日常となり、外護の誡につくす）。	10月　朝廷、六波羅に命じ、武士の狼藉・人身の売買を禁止する。
一二五七	正嘉　元	この年、日昭の縁者・筑後（日朗）、入門する。この年、続出する天災地変に疑問を抱き、研究に没頭する。	8月　鎌倉大地震。
一二五八	二	駿河国（静岡）岩本の実相寺に入り、一切経を閲読する。8月　暴風雨のとき、長さ四丈（約一二メートル）の大流星が出現。この年、大仏朝直の仲介で専修念仏者と対論をする。	9月　諸国に群盗が蜂起したため、幕府、守護に鎮圧を命令（正嘉の飢饉）。
一二五九	正元　元	この年、『守護国家論』を著す。	

西暦	和暦	おもな事績	社会の動き
一二六〇	文応 元	7月『立正安国論』を著し、北条時頼に上進する。その後、鎌倉の念仏者と対論する。8月 念仏者が率いる暴徒に草庵を焼き打ちされ（松葉ヶ谷の法難）、下総の富木胤継の邸に逃れる。	1月 幕府、園城寺に三摩耶戒壇を認める。4月 鎌倉大火。
一二六一	弘長 元	5月 伊豆伊東に流される（伊豆の法難）。	11月 北条重時没。
一二六二	二	1月『四恩鈔』を著す。2月『教機時国鈔』を著し、教・機・時・国・序の五綱判を創唱する。	2月 叡尊、鎌倉に下向。11月 親鸞没。
一二六三	三	2月 伊豆流罪を赦免となる。	11月 北条時頼没。
一二六四	文永 元	8月 小湊に帰郷し、母の看病をして病を治す。11月 天津の城主工藤吉隆の招聘を受けて赴く途中、東条郡小松原で東条景信の襲撃を受け、あやうく逃れる（小松原の法難）。	5月 延暦寺衆徒、戒壇の件で園城寺を焼き打ちする。8月 北条長時没。
一二六五	二	このころから、大師講を営む。	4月 幕府、延暦寺の武装禁止。
一二六六	三	1月 清澄寺で『法華題目鈔』を著す。この年、房総地方を巡教する。『善無畏三蔵抄』を著す。	7月 将軍宗尊親王をめぐり、鎌倉騒動起こる。
一二六八	五	1月 蒙古の使者黒的、大宰府に来りて通好を求める。4月『安国論御勘由来』を作成し、再度、幕府に進言する。11月 献策を受け入れるよう、執権北条時宗以下、諸大寺に檄文「十一通御書」を送り、諸宗の大徳と公の場での対決を迫る。	1月 蒙古より国書到来。2月 朝廷、幕府奏上の蒙古の国書に対し、無視を決める。3月 北条時宗、執権となる。
一二六九	六	「安国論奥書」「法門可被申様之事」「浄土九品之	9月 蒙古・高麗の使者、国

		事」を作成。12月『立正安国論』を書写して、八木式部太夫胤家に与える。	書の返書を求める。
一二七一	八	6月 忍性の祈雨祈禱の失敗を嘲罵し、幕府に訴えられる。7月 行敏から法論を挑まれ、幕府に訴えられる。9月『立正安国論』に得宗被官平左衛門尉頼綱宛ての書状を添えて幕府に提出するが、逆に頼綱配下の兵に捕縛され、佐渡流罪が決まる。翌日未明、一時預かりの相模国（神奈川）依智へ送られる途中、竜ノ口刑場で斬首されそうになるが（竜ノ口の法難）、江ノ島の方向から火の玉が飛来してきて、役人たちは目がくらみ、腰を抜かしたため、処刑は中止される。10月 投獄された五人の門下へ「五人土籠御書」を、日朗へ「土籠御書」を与える。依智を発って越後国（新潟）寺泊に送られ、そこから佐渡へ流される。11月 塚原の三昧堂に住する。	9月 蒙古の使者・趙良弼ら、筑前今津に至る。幕府、御家人を九州に下国させ、海防にあたらせる。12月（西暦）蒙古皇帝フビライ、国号を元と改める。
一二七二	九	1月 塚原の三昧堂で諸宗の僧と問答をする。2月『開目抄』二巻を著す。3月『佐渡御書』を記す。4月 一の谷の近藤清久の邸に移される。10月 蒙古襲来の夢想をえる。	2月 時宗、六波羅南探題北条時輔を討つ（北条時輔の乱）。
一二七三	十	2月『法華宗内証仏法血脈』を著す。4月『観心本尊抄』を撰述する。5月『諸法実相鈔』を著す。7月「佐渡始顕本尊」を図顕する。	3月 元の使者、大宰府に来る。

西暦	和暦	おもな事績	社会の動き
一二七四	十一	1月「法華行者値難事」を作成する。2月 流罪赦免となり、鎌倉へ向かう。4月 評定所に招かれて平頼綱と会見し、蒙古のことを訊ねられ、最後の諫暁をする。5月 鎌倉を発ち、甲斐国（山梨）身延に入る。入山後まもなく『法華取要抄』をまとめ、本尊・戒壇・題目の三秘法を説く。12月 特異な曼荼羅を図顕する。	夏、一遍、熊野に参詣。10月 元・高麗の連合軍、対馬・壱岐を侵し、博多湾に侵入し、筑前に上陸。夜、大風雨起こり、撤退する（文永の役）。
一二七五	建治 元	12月 僧強仁の問難状に返書をしたためる。この年、『撰時抄』『種種御振舞御書』を著す。	1月 異国警固番役を命令。9月 元の使者を竜ノ口で斬る。
一二七六	二	1月「清澄寺大衆中」を記す。4月『兄弟抄』を著し、父と対立する池上宗仲・宗長兄弟を激励する。7月 道善房追善供養のため、『報恩鈔』二巻を著す。この年、弟子の日家・日保、小湊誕生寺を建立する。	3月 幕府、筑前の海岸に石塁を築かせ、蒙古襲来に備える。8月 幕府、山陽・南海道諸国に長門警固を命ずる。
一二七七	三	6月 弟子の日行と信徒の三位房・四条頼基、鎌倉桑ヶ谷で天台宗の龍象房を法論の末に論破する（桑ヶ谷問答）。主君の江馬氏の怒りを買った頼基のため、江馬氏に改信の弁明書（頼基陳状）を書き送る。11月 池上宗仲、再び勘当される。	12月 幕府、六波羅の政務について命令する。
一二七八	弘安 元	1月 弟子の日興、蒲原四十九院から追放される。このころ、池上兄弟、四条頼基をめぐる問題	7月 蘭渓道隆没。11月 元のフビライ、日本商船の交易

		がそれぞれ落着する。3月「教行証御書」を弟子の日行に書き与える。	を許可。
一二七九	二	9月　駿河国熱原郷の農民信徒・甚四郎（神四郎とも）ら二十名、刈田狼藉の罪で捕えられ、鎌倉に連行される。弟子の日秀らに代わって陳状（瀧泉寺申状）を起草するも、甚四郎ら三名は斬首され、十七名は禁獄となる（熱原の法難）。	6月　宋の禅僧無学祖元、渡来。7月　幕府、元の使者・周福らを博多で斬る。10月　幕府、鎮西に武士を派遣。
一二八〇	三	12月　国王・国神などを批判した『諫暁八幡鈔』を著し、警世の書とする。この年、『秋元御書』などの消息を数多く記す。	2月　諸寺に異国降伏の祈禱を命ず。11月　鶴岡八幡宮炎上。
一二八一	四	11月　門下信徒の願いを容れ、身延の寺坊を改築し、新坊を完成させる。このころ、下痢が慢性化し、衰弱がはなはだしく進行する。	5月　東路軍、対馬を侵す。閏7月　大風雨により元・高麗の兵船壊滅する（弘安の役）。
一二八二	五	9月　常陸国（茨城）で湯治をするため、身延山を下りる。武蔵国（東京）千束郷の池上宗仲の邸（現・池上本門寺）に入り、休息する。10月8日　死を予感し、日昭・日朗・日興・日向・日頂・日持を本弟子（六老僧）と定め、後事を託す。10月13日　池上邸にて入滅する（六十一歳）。10月15日　荼毘に付される。10月21日　遺骨、池上を発して身延に向かう。10月25日　身延の沢に埋葬される。	12月　時宗、無学祖元を開山とし、鎌倉に円覚寺を創建。文永・弘安の両役における戦没者の冥福を敵味方を問わず祈る。

※略年譜作成――小倉一邦（クエストラ）

〈略年譜作成にあたっての主な参考文献〉

●西郷隆盛

『西郷隆盛』(田中惣五郎、吉川弘文館、人物叢書)
『鹿児島県史』(鹿児島県)
『評伝 西郷隆盛』(安藤英男、白川書院)
『図説 西郷隆盛と大久保利通』(芳即正/毛利敏彦編著、河出書房新社)
『勝海舟と明治維新』(小西四郎/吉田常吉監修、船戸安之ほか文、学習研究社)
『近代日本総合年表』(岩波書店編集部編、岩波書店)
『日本史年表』(歴史学研究会編、岩波書店)

●上杉鷹山

『上杉鷹山』(横山昭男、吉川弘文館、人物叢書)
『上杉謙信と上杉鷹山』(花ケ前盛明/横山昭男、河出書房新社)
『米沢市史第3巻:近世編』(米沢市史編さん委員会編、横山昭男監修、米沢市)
『藩制成立史の綜合研究—米沢藩』(藩政史研究会編、吉川弘文館)
『近世事件史年表』(明田鉄男、雄山閣)
『近世生活史年表』(遠藤元男、雄山閣)
『日本史年表』(歴史学研究会編、岩波書店)
『江戸時代「生活・文化」総覧』(新人物往来社)

●二宮尊徳

『二宮尊徳・大原幽学』(岩波書店、日本思想大系52)
『二宮尊徳』(児玉幸多編、中央公論社、日本の名著26)
『二宮尊徳』(奈良本辰也、岩波書店、岩波新書)
『二宮尊徳』(筑波常治、国土社、世界伝記文庫)
『二宮尊徳』(守田志郎、朝日新聞社、朝日評伝選2)
『近世事件史年表』(明田鉄男、雄山閣)
『近世生活史年表』(遠藤元男、雄山閣)
『日本史年表』(歴史学研究会編、岩波書店)
『江戸時代「生活・文化」総覧』(新人物往来社)

●中江藤樹

『中江藤樹』(岩波書店、日本思想大系29)
『中江藤樹・熊沢蕃山』(伊東多三郎編、中央公論社、日本の名著11)
『中江藤樹』(渡部武、清水書院)
『中江藤樹』(山住正己、朝日新聞社、朝日評伝選17)

『中江藤樹伝及び道統』（後藤三郎、理想社、中江藤樹研究第一巻）
『近世事件史年表』（明田鉄男、雄山閣）
『近世生活史年表』（遠藤元男、雄山閣）
『日本史年表』（歴史学研究会編、岩波書店）
『江戸時代「生活・文化」総覧』（新人物往来社）

◉日蓮

『日蓮』（岩波書店、日本思想大系14）
『日蓮』（紀野一義編訳、中央公論社、日本の名著8）
『日蓮』（金岡秀友、集英社、高僧伝9）
『日蓮―われ日本の柱とならむ』（佐藤弘夫、ミネルヴァ書房）
『日本史年表』（歴史学研究会編、岩波書店）

著者紹介
童門冬二（どうもん　ふゆじ）
本名、太田久行。1927（昭和２）年、東京生まれ。東京都立大学事務長、東京都広報室長・企画調整局長・政策室長などを歴任。79（昭和54）年、美濃部亮吉東京都知事の退任とともに都庁を去り、作家活動に専念する。
都庁在職中の経験をもとに、人間管理と組織運営の要諦や勘所を歴史と重ね合わせた作品で、小説・ノンフィクションの分野に新境地を拓く。『暗い川が手を叩く』で第43回芥川賞候補。99（平成11）年春、勲三等瑞宝章を受章。日本文藝家協会会員、日本推理作家協会会員。
著書に、『小説　上杉鷹山（上）・（下）』『徳川家康の経営学』『勝頼と信長』（以上、学陽書房）、『人生、義理と人情に勝るものなし』『宮本武蔵の「五輪書」』『［新装版］徳川吉宗の人間学（共著）』『人生の醍醐味を落語で味わう』『人生に役立つ 戦国武将のことば（監修）』『［新釈］楽訓』『坂本龍馬の人間術』（以上、ＰＨＰ研究所）、『「情」の管理・「知」の管理』『上杉鷹山の経営学』『名家老列伝』『家康と正信』『異才の改革者　渡辺崋山』『渋沢栄一　人生意気に感ず』『男の論語（上）・（下）』『信長・秀吉・家康の研究』『器量人の研究』『人生で必要なことはすべて落語で学んだ』『人生で大切なことはすべて映画で学んだ』『人生の歩き方はすべて旅から学んだ』『男の「行き方」　男の「磨き方」』『尼将軍　北条政子』『毛利元就』『米沢藩の経営学』『七人の龍馬（共著）』（以上、ＰＨＰ文庫）など多数。
講演のテーマは、「歴史に見る地方分権」「歴史に学ぶ町づくり」「歴史に学ぶリーダーの条件」など。

この作品は、2007年10月にＰＨＰ研究所より刊行された『内村鑑三の「代表的日本人」』を改題し、加筆・修正したものである。

PHP文庫　内村鑑三「代表的日本人」を読む
西郷隆盛・上杉鷹山・二宮尊徳・中江藤樹・日蓮

2010年8月18日　第1版第1刷

著者　童門冬二
発行者　安藤卓
発行所　株式会社PHP研究所
東京本部　〒102-8331　千代田区一番町21
文庫出版部　☎03-3239-6259(編集)
普及一部　☎03-3239-6233(販売)
京都本部　〒601-8411　京都市南区西九条北ノ内町11
PHP INTERFACE　http://www.php.co.jp/
印刷所
製本所　凸版印刷株式会社

ISBN978-4-569-67515-2

PHP文庫好評既刊

尼将軍 北条政子

日本史初の女性リーダー

童門冬二 著

日本史上、初の女性リーダーとして政治の頂点に君臨した北条政子。尼将軍・政子の激動の人生を、現代的視点から読み解いた歴史読み物。

定価六五〇円
（本体六一九円）
税五％

西郷隆盛

勝部真長 著

薩摩藩主島津斉彬に見出され、討幕派のリーダーとして明治維新を為し遂げた西郷。明治六年の政変後西南戦争で自刃した剛腹なる人生を描く。

定価六一二円
（本体五八三円）
税五％